ESPAÑOL AVANZADO

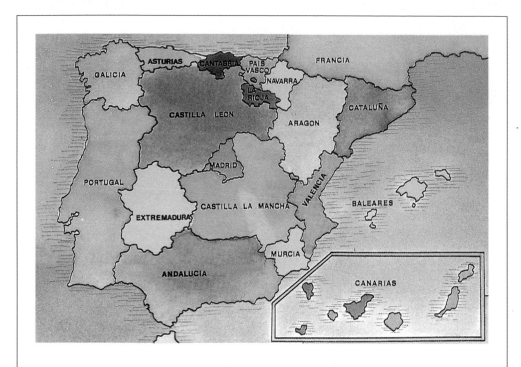

Mapa de las Comunidades Autónomas de España

RICARDO NAVAS RUIZ - JOSE MARIA ALEGRE - PEDRO LUIS LOPEZ

ESPAÑOL AVANZADO

(Tercera edición renovada)

1. ESTRUCTURAS GRAMATICALES
2. CAMPOS LEXICOS

EDICIONES COLEGIO DE ESPAÑA
1994

Ediciones Colegio de España (E.C.E.)
CENTRO INTERNACIONAL DE ESTUDIOS DEL ESPAÑOL
Compañía, 65. Teléf. (23) 214788 / 211305. Fax (23) 218791
37008 Salamanca (Spain)

© Ediciones Colegio de España y los autores
3.ª edición, julio 1994, muy renovada

ISBN: 84-86408-43-1
Depósito Legal: S. 624-1994

Imprime: Imprenta CALATRAVA
Polígono Ind. "El Montalvo". Teléf. y Fax 923 19 02 13
37008 Salamanca (Spain)

Introducción

La tercera edición de Español Avanzado *presenta importantes novedades. No es la menor la incorporación de un tercer autor. El profesor Pedro Luis López aporta una larga experiencia docente en varios centros nacionales y extranjeros así como un necesario contacto con numerosos educadores a través de su servicio en el Ministerio de Educación y Ciencia de España.*

Los otros cambios afectan al contenido y a la disposición del libro. Se han reducido las unidades de veintiséis a veinte para permitir un ritmo de estudio más relajado, sin el agobio de tener que cubrir dentro de un tiempo limitado tantos capítulos. Con la misma intención se ha diferenciado la parte gramatical en dos secciones. La primera conserva la explicación teórica y los ejercicios habituales. Se ha enriquecido con textos literarios para análisis lingüístico, generalmente adaptados oportunamente. La segunda constituye un repaso de temas más fáciles a través de la práctica, sin explicaciones explícitas, salvo en contados casos.

Las dos partes, una de gramática y otra de lectura, antes separadas, han sido consolidadas en una. Se logra así mayor integración del método y mayor variedad. En su aprendizaje del español a nivel avanzado, el estudiante puede combinar dentro de cada unidad la lectura, el léxico, la conversación, la gramática en varios niveles, con ejercicios de perfeccionamiento estilístico o de introducción a ciertos tipos de habla desde la historieta o el humor a variantes dialectales hispanoamericanas. Cada unidad se convierte así en un todo coherente y compacto que reúne todas las aproximaciones posibles al dominio de un idioma.

Las lecturas han sido rehechas en gran medida. Son mucho más breves, adaptadas al tiempo real de una clase. Por eso, los textos escogidos han sido frecuentemente sometidos a modificaciones y cortes. Se han buscado también temas de mayor interés, más ágiles, sin olvidar no obstante la necesaria combinación de situaciones reales y asuntos culturales. A través de ellas el estudiante pasará por varios escenarios que incluyen situaciones de la vida diaria, costumbres, paisajes, ecología, política, sociedad, historia, interpretaciones culturales, con un léxico variado y rico.

Español Avanzado *aparece sin duda notablemente mejorado. Pero, como en la primera edición, los autores quieren insistir en que este libro no es más que un apoyo para la clase, esto es, no está pensado para ser seguido servilmente sino como guía para el profesor. Nadie mejor que éste sabe cómo adaptar estas páginas a las necesidades de sus* estudiantes que no son siempre las mismas. Nadie como él está preparado para diseñar la estrategia adecuada que haga la clase amena y eficaz. Sólo él sabe el método adecuado que debe seguir según la condición y preparación de sus alumnos, si ha de ir del ejemplo a la teoría o a la inversa, si le conviene completar los ejercicios o crear nuevos casos a partir de los ejemplos dados, si ha de enfatizar la gramática, la lectura o la conversación. Los autores no tienen la pretensión de haber dado con un método infalible ni quieren exponerlo extensamente en este prólogo como viene siendo habitual en esta clase de libros.

Aunque no se indican a lo largo de estas páginas temas de composición, está claro que la escritura es el complemento obligado del apredizaje del idioma. Se ha preferido dejar al criterio del profesor qué tipo de composición ha de requerir de sus estudiantes. Evidentemente, de algún modo han de relacionarse con las lecturas; pero dentro de ellas hay margen para asuntos diversos.

Sólo resta expresar el mejor agradecimiento a cuantos han creído en este libro y hecho uso del mismo. Es nuestra esperanza que, como hasta ahora, se nos hagan cuantas críticas y sugerencias se estimen oportunas para mejorar el texto.

LOS AUTORES

1

FRAY LUIS DE LEON
(Belmonte, 1527-Madrigal de las Altas Torres, 1591). Fraile agustino, célebre profesor de la Universidad de Salamanca. Representante eximio del Renacimiento Español. Su estatua en bronce fue realizada en 1869 por Nicasio Gallego y preside el Patio de Escuelas frente a la fachada de la Universidad salmantina.

I. LECTURA: CLASES DE ESPAÑOL

En la Berlitz donde lo toman medio por lástima, el director, que es de Astorga, le previene: nada de argentinismos, aquí se enseña castizo, al primer che que le pesque ya puede tomarse el portante. Castizo y práctico, métaselo en el meollo.

Lucas, perplejo, busca enseguida textos que respondan a tan preclaro criterio, y cuando inaugura su clase frente a una docena de parisienses ávidos de olé y de quisiera una tortilla de seis huevos, les entrega unas hojitas donde ha policopiado un pasaje de un artículo de *El País* del 17 de septiembre de 1978, fíjese qué moderno, y que a su juicio debe ser la quinta esencia de lo castizo y lo práctico, puesto que se trata de toreo y los franceses no piensan más que en precipitarse a las arenas apenas tengan diploma en el bolsillo, razón por la cual este vocabulario les será sumamente útil a la hora del primer tercio, las banderillas y todo el resto:

El galache, precioso, terciado, con más trapío, muy bien armado y astifino, encastado, que era noble, seguía entregado a los vuelos de la muleta, que el maestro salmantino manejaba con soltura y mando. Relajada la figura, trenzaba los muletazos.

Como es natural, los estudiantes se precipitan inmediatamente a sus diccionarios para traducir el pasaje, tarea que al cabo de tres minutos se ve sucedida por un desconcierto creciente, intercambio de diccionarios, frotación de ojos y preguntas a Lucas que no contesta nada porque ha decidido aplicar el método de la autoenseñanza y en esos casos el profesor debe mirar por la ventana mientras se cumplen los ejercicios. Cuando el director aparece para inspeccionar la perfomance de Lucas, todo el mundo se ha ido después de dar a conocer en francés lo que piensan del español y sobre todo de los diccionarios que sus buenos francos les ha costado. Sólo queda una joven de aire erudito, que le está preguntando a Lucas si la referencia al "maestro salmantino" no será una alusión a Fray Luis de León, cosa a la que Lucas responde que muy bien podría ser aunque lo más seguro es que quién sabe. El director espera a que el alumno se vaya y le dice a Lucas que no hay que empezar por la poesía clásica, desde luego que Fray Luis y todo eso, pero a ver si encuentra algo más sencillo, digamos algo típico como la visita de los turistas a un colmado o a una plaza de toros, ya verá cómo se interesan y aprenden en un santiamén.

Julio Cortázar: Un tal Lucas.

A. Quién lo sabe?

Berlitz
El País
Fray Luis de León

B. Vocabulario taurino. Use en una frase las palabras siguientes. Busque otras relacionadas.

Arena	Galache	Muletazo	Tercio
Astifino	Maestro	Plaza de Toros	Torero
Banderillero	Muleta	Terciado	Trapío

C. Complete con expresiones apropiadas del texto.

1. A la primera falta que le................, ya puede usted ....
2. Métase esta regla en ....
3. A su juicio, este texto es .... de lo castizo.
4. Aprobé el curso. Ya tengo el diploma ...   .
5. Estos libros nos han costado ....
6. El profesor le responde que ....; pero lo más seguro es que ....
7. Con algo más sencillo, aprenden en ....
8. A Lucas lo empleó el director ....

D. Relacione estas expresiones con el tema de la lectura.

1. Coger la puerta.
2. Meterse algo en la cabeza o en la mollera.
3. No entender ni papa.
4. Ser duro de mollera.
5. Enrollarse.
6. Hablar en cristiano, hablar en griego.

E. Temas para conversar.

1. ¿Qué español se debe enseñar, el castizo o el dialectal?
2. ¿Qué le parece el método de la autoenseñanza?
3. ¿Buscan los extranjeros lo típico de España u otras cosas?
4. ¿Son los toros y la tortilla de patatas lo típico de España?
5. ¿Reaccionan bien los estudiantes al irse? ¿Por qué?
6. ¿Qué le parece el texto escogido por el profesor?
7. Manera ideal de aprender un idioma extranjero.
8. ¿Reacciona bien el director? ¿Cómo lo definiría profesionalmente?

F. Comentario especial.

1 . Busque el equivalente castizo de *perfomance*.
2. ¿Es *che* un argentinismo o se usa también en España?
3. Diferentes sentidos de la palabra *maestro*.

******

II. GRAMATICA: TIEMPOS PASADOS DE INDICATIVO

VALORES BASICOS

1. El pretérito imperfecto expresa una acción durativa: *la chica andaba triste.- Ya entonces Madrid era una ciudad cosmopolita.* También indica una acción habitual: *comíamos a las tres en verano.*

2. El pretérito indefinido expresa acciones o estados terminados, situados en un pasado remoto: *Cervantes vivió en el siglo XVI.* Por el contrario, el pretérito perfecto expresa acciones o estados terminados, situados en un pasado reciente: *esta mañana ha llovido mucho.*

3. El pretérito pluscuamperfecto expresa acciones pasadas, que relaciona con otra acción también pasada: *cuando llegó mi hermano, ya habíamos terminado de cenar.* Frente al imperfecto, da la acción por terminada.

OTROS VALORES

4. El imperfecto reemplaza al presente para indicar cortesía: *¿Qué deseaba usted?.- Buscaba unos pantalones.* De ahí el uso frecuente de *quería* y *podía*: *quería mucho hablarte a solas.- ¿Podía usted ayudarme?*

5. Puede expresar asimismo intención: *me encuentra de casualidad porque ya salía.* Y contraste u oposición de hechos: *ahora que sabía el oficio, me despiden.*

6. También expresa deseo: *de buena gana me bebía una cerveza*; excusa: *me callaba por no mentir*, y sorpresa: *no sabía que érais novios.*

7. En el habla coloquial, hay un perfecto de mandato: *ya te has callado, ¿me oyes?*

INDEFINIDO VS. PERFECTO

8. La diferencia entre uno y otro depende a veces de hábitos regionales e incluso de actitudes individuales. En Hispanoamérica y en Asturias se usa casi exclusivamente el indefinido: *no te vi esta mañana en el paseo* es normal para un hispanoamericano en tanto que un español diría: *no te he visto esta mañana.*

9. Con esto en mente, cabe decir que el indefinido, como expresión del pasado completo, coexiste con la noción de un *ayer* o un *aquél*, anoche, la semana pasada, aquel día, una vez, hace dos días. El perfecto, como expresión de un pasado inmediato, coexiste con un hoy o un *éste*, aún, todavía, ahora, esta semana: *aquel día me ocurrió una desgracia.- Esta semana no me ha llamado.*

IMPERFECTO VS. INDEFINIDO

10. En el español es muy frecuente la alternancia de estos dos tiempos y, en general, de todos los pasados. Para su uso correcto hay que recordar los valores básicos de cada uno. Algunos casos pueden aclarar su uso.

11. Cuando dos acciones coexisten temporalmente, ambas requieren el mismo tiempo si la coexistencia es total: *mientras el jefe estaba fuera, nadie trabajaba.- Cuando me acostumbré a ella, me dejó.* Si la coexistencia es parcial, va en indefinido la acción que se considera no prolongable: *Le llamé, pero no estaba.* Nótese que a veces puede haber vacilaciones, si bien el significado se modifica: *dijo que estaba enfermo* vs. *dijo que estuvo enfermo.*

12. En un texto donde alterna lo descriptivo con lo narrativo, lo narrativo prefiere el indefinido y lo descriptivo, el imperfecto: *sonó la hora. Ya estaban allí. Uno avanzó en la sombra. Parecía que el tiempo no pasaba.*

13. A veces en una serie de proposiciones en indefinido, la última se acaba en imperfecto como enfatizando el final contrastivamente: *llegó tarde a la oficina, no hizo nada y a las doce ya se iba a su casa.*

EJERCICIOS

Transforme el infinitivo en un tiempo pasado. Si hay más de una posibilidad, discuta su elección.

1. Hoy *comer* cocido.
2. Ayer no *ver* la televisión.
3. El accidente *ocurrir* el año pasado.
4. Todavía no *llegar.*
5. El día de Navidad se *quedar* en casa.
6. Ya lo *oír* ustedes.
7. Ahora a trabajar. Ya se *acabar* las vacaciones.
8. ¿*Leer* usted el *Quijote*? Hace tiempo que lo *leer.*
9. Por muchos siglos la Humanidad *avanzar* poco; pero últimamente *progresar* mucho.
10. Cuando *estudiar* tercero, *morir* mi padre.
11. Cuando *vivir* en Barcelona, *trabajar* en la Seat.
12 Cuando nosotros *llegar* a Bogotá, *lucir* un sol espléndido.
13 Cuando *estudiar*, lo *encarcelar* dos veces.
14. *Creer* que no *venir* nunca.
15. *Llegar* temprano, *trabajar* mucho y a las doce se *ir* a casa.
16. Madrid *ser* una ciudad agradable. Las gentes *vivir* tranquilas y todos *olvidarse* de la guerra.
17. Durante el mes pasado nosotros *tener* mucho trabajo; pero este mes no *dar* ni golpe.
18. Alfonso no *firmar* el contrato cuando se *enterar* de que *ser* falso.

19. El invierno pasado *hacer* tanto frío que ni *ir* a esquiar.
20. Elena *llevar* mucho tiempo en el paro cuando le *ofrecer* un empleo.
21. Por qué *entrar* tú en el aula si no *haber* nadie?
22. ¡Perdone! ¿*Poder* usted decirme dónde está la Plaza Mayor?
23. ¿Cómo *saber* que *ser* él el asesino si todos le *creer* inocente?
24. El otro día *soñar* que me *tocar* la lotería y me *tocar* realmente.
25. Hasta que no *oír* la noticia en la radio, nadie *saber* nada de lo que *ocurrir* en la calle porque todos *estar* mirando la tele.
26. Hoy que *querer* ir de excursión, se pone a llover.
27. Cuando te *llamar,* me *decir* que ya *haber* salido.
28. Ayer *haber* alguien en la oficina, porque cuando yo *llegar,* la luz *estar* encendida.
29. Suerte que me *encontrar* pues ya me *ir.*
30. El año pasado no te *poder* sorprender con mi regalo de cumpleaños porque ya *saber* lo que *querer* regalarte.

Ponga en un tiempo pasado el verbo en paréntesis

LA RANA QUE QUERÍA SER UNA RANA AUTENTICA

......(Haber) una Rana que......(querer) ser una rana auténtica, y todos los días se.......(esforzar) en ello.

Al principio se........(comprar) un espejo en el que se........(mirar) largamente buscando su ansiada autenticidad.

Unas veces.......(parecer) encontrarla y otras no, según el humor de ese día o de la hora, hasta que se.......(cansar) de esto y........(guardar) el espejo en un baúl.

Por fin.........(pensar) que la única forma de conocer su propio valor.........(estar) en la opinión de la gente, y........(comenzar) a peinarse y vestirse y a desvestirse (cuando no le.......(quedar) otro recurso) para saber si los demás la.........(aprobar) y..........(reconocer) que.......(ser) una Rana auténtica.

Un día.......(observar) que lo que más.........(admirar) de ella......(ser) su cuerpo, especialmente sus piernas, de manera que se.........(dedicar) a hacer sentadillas y a saltar para tener unas ancas cada vez mejores, y........(sentir) que todos la.........(aplaudir).

Y así....(seguir) haciendo esfuerzos hasta que, dispuesta a cualquier cosa para lograr que la.......(consideraran) una Rana auténtica, se......(dejar) arrancar las ancas, y los otros se las....(comer), y ella todavía.........(alcanzar) a oír con amargura cuando........(decir) que qué buena rana, que........(parecer) Pollo.

AUGUSTO MONTERROSO: *La oveja negra y demás fábulas.*

******

III. REPASO: CON O SIN ARTICULO

Coloque un artículo cuando sea necesario

1. Hoy estoy de.....guardia, de.....once a.....seis.

2. .....señor Fernández es un médico muy famoso. Su hijo es.....profesor.

3. Le dio.....tos muy fuerte y tuvo que salir de.....clase.

4. .....señor profesor, ¿podría explicarnos.....usos de.....artículo?

5. Tengo.....moto para salir.....campo.....domingos.

6. Estudio.....Derecho. Quiero ser.....abogado.

7. .....tiempo es.....oro.

8. En la fiesta todos llevaban.....corbata.

9. .....dinero no da.....felicidad; pero es.....dinero lo que necesito.

10. .....ordenadores son imprescindibles como.....instrumentos de.....trabajo.

11. .....Valle-Inclán de Nuria Espert es excelente.

12. .....deseo de.....estudiantes extranjeros es llegar a hablar bien.....español.

13. Tengo.....coche estropeado.

14. .....esperanza es lo último que se pierde.

15. Busco piso con.....calefacción.

16. En la década de.....60, era.....costumbre llevar.....minifalda.

17. Me gusta.....vino, pero no a todas.....horas.

18. .....España de hoy día está mejor que hace 10 años.

19. .....profesor no ha venido hoy a.....clase.

20. Me voy.....cine. Dan una película en.....francés.

21. No necesitamos.....personas como tú.

22. .....tardes de.....domingo son muy aburridas.

23. No sé a cuánto están.....peras.

24. Con.....suerte y ganas haría yo.....maravillas con.....balón durante.....partido.....domingo.

25. .....lunes todo el mundo tiene sueño.

26. Con.....sueldo que gano tengo que hacer.....milagros para llegar a.....fin de.....mes.

27. Quien tiene.....buen perro, caza.....conejos.

28. Ya no me quedan más.....cigarrillos.

IV. CABOS SUELTOS: NOMBRES DE OFICIOS

Diga cómo se llama la persona

1. que vende tabaco.
2. que tiene por oficio guisar.
3. que trabaja a jornal.
4. que por oficio labra el hierro.
5. que pide limosna.
6. que presta con usura.
7. que vende al por mayor.
8. que vive de sus rentas.
9. que hace préstamos.
10. que roba carteras.
11. que dirige la circulación.
12. que hace pan.
13. que vende pescado.
14. que construye casas.
15. que se dedica a coser.
16. que arregla la instalación del agua.
17. que barre las calles.
18. que vende carne.
19. que apaga el fuego.
20. que trabaja por horas en el servicio doméstico.
21. que arregla la instalación eléctrica.
22. que trabaja la tierra sin ser el dueño.

2

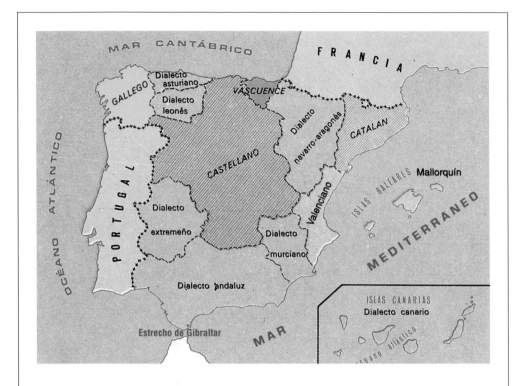

LENGUAS Y DIALECTOS DE ESPAÑA

España es un país multilingüe. Junto al castellano, lengua oficial del Estado, se hablan otras lenguas y numerosos dialectos. El gallego, el vasco o euskera, el catalán, el valenciano y el mallorquín son lenguas oficiales en sus respectivas comunidades junto al castellano.

I. LENGUAS DE ESPAÑA. EL CASTELLANO

En España se hablan actualmente **cuatro** lenguas principales: el **castellano**, el **catalán**, el **gallego** y el **vasco**. Sólo las tres primeras son *románicas*, *romances* o *neolatinas*, es decir, derivadas del **latín**. La última se hablaba ya cuando los romanos ocuparon la Península Ibérica. Las cuatro cuentan con **dialectos**.

El castellano

Las distintas hablas medievales de la Península, aun con soluciones fonéticas propias, conservaban entre sí cierta semejanza. Grosso modo, prorrogaban la relativa unidad lingüística peninsular que existía antes de la invasión árabe. El **castellano** irrumpió entre ellas con pujanza, adoptando las soluciones fonéticas más innovadoras de las lenguas vecinas e imponiendo otras aún más radicales. Tuvo su origen en Cantabria, en un conjunto de condados que dependían del reino leonés.

El castellano se difundió con la Reconquista por el sur, avanzando como una cuña invertida entre el **leonés** y el **aragonés**. Los conquistadores y colonizadores lo implantan en América y Filipinas. Los judíos expulsos (1492) lo llevan consigo, y aún lo mantienen hoy sus descendientes los sefardíes (*judeo-español*). Durante los siglos XVI y XVII, el castellano alcanza su máximo esplendor literario, se conoce y se habla por las personas cultas de toda la península, y adquiere extraordinario rango internacional. Esa difusión hace que muchos, desde fines de la Edad Media, en España y, sobre todo, fuera de España, lo denominen **español**, nombre que alterna con el de **castellano**. Hoy lo hablan más de trescientos sesenta millones de personas, si bien esta cifra superará los quinientos millones de personas en el año 2025.

Los problemas actuales de bilingüismo

Una gran parte de España es bilingüe, esto es, sus habitantes hablan dos lenguas: una que han aprendido en el seno de la vida familiar (su *lengua materna*), y otra, el *castellano*, que han aprendido en la escuela y a través de los medios de comunicación social, y que les sirve de medio de entendimiento con los españoles que ignoran el otro idioma. Es, además, la lengua del Estado.

Este bilingüismo no es perfecto. Lo sería si las dos lenguas estuvieran en estricto plano de igualdad. Por el contrario, existe **diglosia**, término con que los sociolingüistas designan la coexistencia desequilibrada de dos lenguas, porque una cuenta con mayor prestigio cultural y económico. Se siguen ventajas de usarla. Actualmente, la **diglosia** favorece a los castellanohablantes en unas regiones, pero no en otras. Y en la resurrección de los sentimientos autonómicos, no pocos ven en la lengua castellana el instrumento que ha servido para reprimir los idiomas autóctonos. De ahí que la Constitución de 1978 haya reconocido oficialmente el **bilingüismo** en todos los territorios que se constituyan en comunidades autónomas, y cuenten con lenguas propias. Ya está consagrado en los Estatutos aprobados en 1979, el de Cataluña, el del País Vasco, que reconocen la oficialidad del catalán y del euskera en sus respectivos dominios, junto con el castellano.

La Constitución dice así en su artículo 3:

1. El castellano es la lengua española oficial del Estado. Todos los españoles tienen el deber de conocerla y el derecho a usarla.
2. Las demás lenguas de España serán también oficiales en sus respectivas Comunidades Autónomas, de acuerdo con sus estatutos.
3. La riqueza de las distintas modalidades lingüísticas de España es un patrimonio cultural que será objeto de especial respeto y protección

El nombre del idioma nacional

Según hemos visto, la Constitución de 1978 consagra el término **castellano** para designar la lengua oficial de toda España. Un argumento permanente esgrimido a favor de ese criterio es que las demás lenguas de la nación son **españolas**, y que no debe privilegiarse con el nombre de **español** a una sola de ellas. El problema no es nuevo: empezó a plantearse en el siglo XVI. La Academia Española. que, desde su fundación, llamó *castellano* al idioma, cambió de parecer en 1923, y tanto su gramática como su diccionario se llaman "de la lengua *española*".

En cualquier caso, el problema se recrudeció con ocasión de los debates constitucionales. Pero debe superarse respetando la libertad de los hablantes para optar entre castellano y español, aunque este término tenga a su favor el paralelismo con *italiano, francés, alemán*, etc., designaciones compatibles con el hecho de que, en esos países, haya otras lenguas italianas, francesas o alemanas.

FERNANDO LÁZARO CARRETER y VICENTE TUSÓN: *Curso de Lengua Española* (1984).

A. ¿Quién lo sabe?

Cantabria
Reino leonés
Reconquista
Constitución de 1978
Estatuto

B. **Vocabulario lingüístico. Use en una frase las palabras siguientes. Busque otras relacionadas.**

Bilingüismo	Lengua del Estado
Castellano hablante	Lengua materna
Diglosia	Lenguas románicas
Euskera	Lengua vernácula
Fonético	Neolatino
Judeo-español	Sociolingüística

C. **Complete con expresiones apropiadas del texto.**

1. Las hablas medievales prorrogaban .... la unidad nacional lingüística peninsular.
2. El castellano irrumpió ....
3. El castellano avanzó como .... entre el leonés y el aragonés.
4. Muchos españoles han aprendido un idioma en el ....
5. Todos los españoles tienen el........de conocer el castellano y el .... de usarlo.
6. Todas las lenguas son españolas y no debe .... una sola.
7. La Academia llamó castellano al idioma y .... en 1923.
8. .... el problema se recrudeció .... de los debates constitucionales.

D. **Relacione estas expresiones con el tema de la lectura.**

1. Hablando se entiende la gente.
2. Hablar con soltura.
3. Chapurrear una lengua.
4. Ser del tiempo de los romanos.
5. A nuevos tiempos, nuevos usos.
6. Quien guarda su lengua, guarda su hacienda.

E. **Temas para conversar.**

1. ¿Por qué se impuso el castellano a los otros idiomas peninsulares, excepto el portugués?
2. ¿Es una ventaja o una desventaja ser bilingüe?
3. ¿Cómo puede oprimir una lengua?
4. ¿Qué problemas tendría usted si sólo hablara una lengua minoritaria?
5. ¿Qué le parece mejor, *español* o *castellano*?
6. Aparte de España, ¿conoce otros países multilingües? ¿Es eso bueno o malo?
7. Lengua, nación, estado. ¿Cómo se relacionan?
8. Discuta el problema de la diversidad.

F. **Comentario especial.**

1. Diferencia entre *lengua, habla, idioma, dialecto.*
2. Busque el origen de *romance* y sus significados.
3. Discuta el término *comunidad.*

II. GRAMATICA: FUTUROS Y CONDICIONALES

ALGUNOS VALORES

1. De estos cuatro tiempos del indicativo, sólo el futuro simple expresa futuro desde el presente: *la fiesta será mañana*. Los otros tres expresan futuro en conexión con otra acción que se debe verificar antes. Son futuros desde un pasado. En este contexto, el condicional simple expresa un futuro imperfectivo: *serían las diez, cuando llegó*; el futuro y el condicional compuestos, un futuro realizado, completo: *habrán dado las diez.- Habrían venido antes.*

2. Se puede significar sorpresa con el futuro y el condicional simple referida al presente o al pasado respectivamente: *¡serás idiota!.-¡Serías ingenuo!* En futuro compuesto existen expresiones como: *¡habráse visto cosa igual!*

3. El futuro y el condicional simple pueden indicar cortesía, siempre con valor de presente: *ya me dirán en qué puedo servirles.- ¿Sería tan amable de acompañarme?.* Los dos condicionales significan también rechazo cortés, disculpa: *te ayudaría muy a gusto, pero no puedo.- Te habría ido a buscar, pero se me hizo tarde.*

4. Hay un condicional de sugerencia y consejo: *podríamos levantar la sesión.- Yo no le diría eso.- En tu caso, no lo haría.*

LA PROBABILIDAD

5. La probabilidad se puede expresar mediante los futuros y condicionales. Estas estructuras son equivalentes a otras construidas en diferentes tiempos de indicativo y subjuntivo y acompañadas de un adverbio de duda como *quizá, tal vez, probablemente, sin duda.* Hay una gradación en el énfasis de la probabilidad de más a menos: indicativo----- futuro------ subjuntivo. He aquí las equivalencias:

Probabilidad en presente:

FUTURO SIMPLE, PRESENTE DE INDICATIVO, PRESENTE DE SUBJUNTIVO: *serán las cinco = sin duda son las cinco – tal vez sean las cinco.*

Probabilidad en pasado:

a) **imperfectivo:**
CONDICIONAL SIMPLE,IMPERFECTO DE INDICATIVO, IMPERFECTO DE SUBJUNTIVO: *tendría entonces quince años = seguramente tenía entonces quince años = quizá tuviera entonces quince años.*

b) **absoluto:**
FUTURO COMPUESTO, INDEFINIDO, PRETERITO PERFECTO DE INDICATIVO Y SUBJUNTIVO: *habrán dado las diez = seguramente han dado / dieron las diez = quizá hayan dado las diez.*

c) **relativo:**
CONDICIONAL COMPUESTO, PLUSCUAMPERFECTO DE INDICATIVO Y DE SUBJUNTIVO: *habría luchado duro = posiblemente había luchado duro = tal vez hubiera luchado duro.*

6. En preguntas que implican duda sólo se usan futuros y condicionales: *¿será posible que no venga?.- ¿Qué hora sería?.- ¿Habrá sucedido algo grave?.* No hay estructuras equivalentes.

VALOR CONCESIVO

7. Si las estructuras descritas en el § 5 se las modifica mediante una proposición adversativa, esto es, introducida por *pero,* se obtienen proposiciones de valor concesivo. Las equivalencias modales y temporales coinciden con las expuestas allí.

FUTURO SIMPLE = *será un mal estudiante, pero saca buenas notas.*
CONDICIONAL SIMPLE = *sería tonto, pero vivía sin dar golpe.*
FUTURO COMPUESTO = *habrá sido como lo cuentas, pero no lo creo.*
CONDICIONAL COMPUESTO = *habrían sufrido adversidades, pero nunca desfallecieron.*

EJERCICIOS

Conjugue el futuro y condicional simple de estos verbos:

caber	decir	haber	hacer	poder	poner
querer	saber	salir	tener	valer	venir

Cambie el verbo en paréntesis a un modo y tiempo adecuado que exprese probabilidad o valor concesivo. Use todas las estructuras posibles:

1. ¿Hasta cuándo (estar)........ esta chica en Madrid?
2. ¿Qué hora (ser)........ cuando ocurrió eso?
3. (Ser)........ las tres cuando regresaron a la residencia.
4. Ya se (gastar)........... todo el dinero que le di la semana pasada.
5. Probablemente el próximo verano ya no (estar).......... allí.
6. Cuando llegue mi padre, nosotros ya nos (ir)........
7. (Subir).......... la vida, pero aquí no se nota.
8. Me imagino que el mes próximo ya (salir)............ las listas de los candidatos.
9. Tú te (imaginar)........... lo que quieras, pero yo no he hecho tal cosa.
10. Para Navidad ya (terminar)................ la tesis.
11. Juan (irse)............... de vacaciones porque nadie contesta al teléfono.
12. (Pasar)............ hambre, pero no lo parece.
13. Supongo que el profesor ya (estar).......... en clase.
14. Inés (venir)..............., no lo dudo, pero yo no la he visto.
15. Creo que nos (dar).............. una paga extraordinaria para Navidad.
16. ¿(Ser)........... posible que ya te hayas gastado todo el dinero?
17. Te repito que yo no acepto tus regalos; quizá otros lo (hacer)...... pero yo no.
18. ¿Dónde (estar)........ tu hermana? No sé, (salir)............ a dar un paseo.
19. Pitita (tener)........... 40 años, pero no lo aparenta.
20. Yo creo que el jefe ya (cumplir).............. los 50 años.
21. ¿Quién (andar).............. por el pasillo a estas horas?
22. (Ser)........ un desgraciado, pero eso no quiere decir que es una mala persona.
23. Al empezar el siglo, el autor (tener)............. unos 10 años.
24. (Ser)......... un mal estudiante, no te lo discuto, pero ahora es un físico muy famoso.
25. ¿Por qué (decir)......... aquello Juan? No sé, lo (decir)........ para molestarte.
26. No creo lo que dice, otros quizá lo (hacer)............ pero allá ellos.
27. Quizá (decir).............. eso para que no le condenen.
28. Tú, en su lugar, tal vez (hacer).............. lo mismo.
29. Si no hubiera tenido tanto dinero, (luchar)................ duro para obtener la misma posición social que tiene ahora.
30. Tal vez (ser).............. ya demasiado tarde.

Discuta el valor de futuros y condicionales en estos textos. Observe si la idea de futuro se puede expresar por otras formas formas verbales.

IDILIO MUERTO

Qué estará haciendo a esta hora mi andina y dulce Rita
de junco y capulí;
ahora que me asfixia Bizancio, y que dormita
la sangre, como flojo cognac dentro de mí.

Dónde estarán sus manos que en actitud contrita
planchaban en las tardes blancuras por venir;
ahora, en esta lluvia que me quita
las ganas de vivir.

Qué será de su falda de franela; de sus
afanes; de su andar
de su sabor a cañas de Mayo del lugar.

Ha de estarse a la puerta mirando algún celaje,
y al fin dirá temblando: "Que frío hay...Jesús!"
Y llorará en las tejas un pájaro salvaje.

CÉSAR VALLEJO: *Los heraldos negros.*

ESCRIBIRÉ

No voy a contar mi vida de muchacho y mi adolescencia punto por punto, tilde por tilde. ¿Qué importan y qué podrían decir los títulos de mis libros primeros, la relación de mis artículos agraces, los pasos que di en tales redacciones o mis andanzas primitivas a caza de editores? Yo no quiero ser dogmático y hierático; y para lograr que caiga sobre el papel, y el lector la reciba, una sensación ondulante, flexible, ingenua de mi vida pasada, yo tomaré entre mis recuerdos algunas notas vivaces e inconexas -como lo es la realidad- y con ellas saldré del grave aprieto en que me han colocado mis amigos, y pintaré mejor mi carácter, que no con una seca y odiosa ringla de fechas y de títulos.

AZORÍN: *Confesiones de un pequeño filósofo.*

III   REPASO: CONTABLES Y COLECTIVOS. EL ARBOL Y SU FRUTO

Diga de qué personas, animales o cosas están formados los siguientes colectivos. Empléelos en una proposición. Relacione los cuatro unidos por flechas:

clientela	tribunal	alumbrado	cuadrilla
cosecha	gentío	armada	piquete
pelotón	rondalla	cubertería	fila
manada →	piara →	jauría →	rebaño

Diga el nombre colectivo con que se designan los siguientes conjuntos:

de hayas	de ministros	de diputados	de yeguas
de cañas	de vides	de abejas	de soldados
de alumnos	de granos de uva	de sillas	de profesores

Diga si los siguientes nombres son contables o no contables. De acuerdo con ello, use singular o plural para indicar el concepto general:

noticia	mueble	dulce	consejo
tostada	tontería	chiste	cana
calendario	gafas	pinzas	cerveza

Derive el fruto de estos árboles:

ciruelo	nogal	peral	papayo
cerezo	naranjo	pomelo	limonero
castaño	mango	encina	pino

IV. CABOS SUELTOS: BUSCANDO EL ADJETIVO

Sustituya las palabras en negrita por un adjetivo:

1. Vida **de la capital**.
2. Vida **del hogar**.
3. Fiesta **de toros**.
4. Costumbres **del pueblo**.
5. Hombre **al que le gustan demasiado las mujeres** .
6. Persona **llena de virtud**.
7. Persona **que tiene muchos caprichos**.
8. Terreno **que tiene mucha arena**.
9. Periódico **de la tarde**.
10. Veladas **que se celebran por la noche**.
11. Persona **que siempre está enferma**.
12. Cosa **que no se puede romper**.
13. Letra **que no se puede leer**.
14. Sofá **que se puede extender**.
15. Hecho **que merece ser rechazado**.
16. Persona **que no tiene confianza**.
17. Persona **que tiene malas intenciones**.
18. Viento **que parece un huracán**.
19. Persona **que siempre dice bromas**.
20. Agua **que se puede beber**.

3

TELEVISION

En el corazón de Madrid se alza este moderno edificio, sede de Radio Televisión Española que comprende TVE-1 y TVE-2. Esta emisora, que pertenece al Estado, fue la primera instalada en España. Hoy hay otras privadas. (Foto cedida por Televisión Española).

I. LECTURA: LA LENGUA Y LOS MEDIOS DE COMUNICACION

Los periodistas han creado una lengua especial, de gran impacto, que difiere tanto del habla culta como de la coloquial. Busca, por encima de todo, ser plástica y expresiva, llamar la atención, interesar al lector, hacerle ver la noticia. Para ello se aparta muchas veces de los usos gramaticales estrictos.

El lenguaje periodístico debe ser forzosamente claro y asequible, sin complicaciones sintácticas y con un léxico conocido por el lector medio. Palabras simples, pero que expresen con exactitud lo que se pretende decir.

Lamentablemente, el periódico difunde a menudo usos lingüísticos incorrectos. Se acumulan extranjerismos innecesarios, construcciones defectuosas. Por su enorme peso social y por ser el modelo para los demás medios de comunicación ejerce una notable influencia en el habla del ciudadano medio. Por ello es especialmente importante evitar esos descuidos.

El lenguaje de la radio está muy influido por el del periódico. En los espacios informativos las noticias se redactan de forma similar. Sin embargo, en los últimos tiempos han ido apareciendo algunos profesionales que las rehacen sobre la marcha y les prestan así la frescura de la lengua hablada, con reiteraciones, titubeos... Gozan de la predilección del público.

Encontramos algunos vicios lingüísticos que veíamos en la prensa: extranjerismos, errores sintácticos y otros propios del medio, que tiene sus peculiares dificultades. A veces los locutores hablan con excesiva afectación, caen en ultracorrecciones por temor a los vulgarismos, construyen periodos muy largos en los que se pierden. Son habituales las redundancias, reiteraciones y utilización de adjetivos muy pobres, para evitar los embarazosos silencios que se producirían mientras piensan lo que van a decir a continuación.

El lenguaje de la televisión participa en gran medida de las características apuntadas en el de la radio. Los profesionales de ambos medios son a veces los mismos.

Tiene un problema lingüístico que añadir a los de la radio y que comparte con el cine: los doblajes de las películas. Aunque en los últimos años su calidad ha mejorado de forma considerable, aún subsisten a veces las huellas de la traducción directa del inglés.

El influjo de la televisión es decisivo para el futuro del idioma. Está eliminando los rasgos particulares y locales; es evidente que unifica y uniformiza la lengua. Se va creando un español medio con una singular pobreza léxica.

MILAGROS RODRÍGUEZ CÁCERES, *Curso de Lengua* (1988)

A. ¿Quién lo sabe?

Impacto
Titubeo
Ultracorrección

B. Vocabulario del lenguaje de la información. Use en una frase las palabras siguientes.
Busque otras relacionadas con el periódico, la radio y la televisión.

Coloquial   Locutor
Descuido   Plástico
Doblaje   Público
Embarazoso   Rasgo
Extranjerismo   Redundancia
Huella   Vulgarismo

C. Complete con expresiones apropiadas del texto.

1. La lengua periodística busca, ...…, ser plástica
    y expresiva.
2. El periódico, ...…, ejerce notable in-
    fluencia en el habla.
3. Algunos profesionales rehacen las noticias ....
4. A veces los locutores hablan ....
5. El lenguaje de la televisión participa, ...…, de las caracte-
    rísticas del de la radio
6. En los últimos años su calidad ha mejorado ....
7. Se va creando un español medio con una ....
8. Los vicios lingüísticos habituales de los locutores son ...., ..., ...,
    ....

D. Explique estas expresiones y relaciónelas con el tema de las lecturas.

1. Estar en onda
2. Noticias en grandes titulares
3. Prensa amarilla, prensa del corazón
4. Ser televisivo
5. Cantar las verdades
6. Tener gancho

E. Temas para conversar.

1. ¿Cómo es la lengua del periodismo?
2. ¿Por qué tienen los medios de comunicación gran impacto social?
3. ¿Qué influye más, el periódico, la radio o la televisión?
4. ¿Qué tipo de locutor le gusta?
5. ¿Podría discutir las secciones más importantes de un periódico?

6. ¿Qué usa la televisión además de palabras?
7. ¿Se van unificando los idiomas por influjo de los medios de comunicación?
8. ¿Películas dobladas o en versión original? Inconvenientes y ventajas.

F. Comentario especial.

1. En qué se diferencian el habla *culta* y el habla *vulgar*.
2. Señale extranjerismos corrientes en el lenguaje de los medios de comunicación. ¿Es *reportero* uno? ¿Y *plató*?
3. Diferente sentido de *doblar*.

II. GRAMATICA: EL INFINITIVO

PERIFRASIS DE INFINITIVO

1. El infinitivo se puede unir directamente o a través de una preposición a otro verbo para formar una perífrasis, es decir, una expresión compuesta que indica un aspecto verbal.

2. Expresan comienzo de acción o aspecto incoactivo:

   EMPEZAR A: *ya empieza a llover.* Valor neutro.
   ECHARSE A: *cuando me vio, se echó a reír.* Comienzo brusco.
   ROMPER A: *el jilguero rompió a cantar.* Comienzo brusco. Uso más literario.
   PONERSE A: *ahora se ha puesto a escribir un libro.* Comienzo casual.

3. Expresan obligación o aspecto imperativo:

   DEBER: *debes trabajar más.* Valor neutro.
   TENER QUE: *tienes que salir inmediatamente.* Obligación reforzada.
   HABER DE: *han de llegar antes de las dos.* Obligación débil. Sentido futuro.
   HABER QUE: *había que esforzarse mucho.* Impersonal, sólo tercera persona.

4. Expresan fin de acción o aspecto terminado:

   ACABAR DE: *acabo de ver a mi novia.* Fin reciente. Sólo en presente e imperfecto.
   DEJAR DE: *he dejado de fumar.* Fin de acción habitual.
   PARAR DE: *no para de nevar.* Fin de acción en curso.
   CESAR DE: *no cesaron de molestarme.* Uso un tanto culto.

5. Expresan intención o aspecto conativo:

   IR A: *voy a llamar por teléfono.* Cierta idea de futuro.
   PASAR A: *paso a contestar su carta.* Reducida a esta fórmula o equivalentes: *paso a responder su pregunta.*

6. Existen aún otras varias:

   DEBER DE: *deben de ser las dos.* Probabilidad. Frecuentemente se le confunde con DEBER + INFINITIVO.
   VENIR A: *viene a ganar un millón.* Idea de equivalencia o aproximación.
   VOLVER A: *ha vuelto a cometer el mismo error.* Repetición.
   ECHAR A : *han echado a perder a este chico.* Efecto que se produce.

INFINITIVO CON PREPOSICION

7. Salvo EN + GERUNDIO, el infinitivo es la única forma no personal del verbo que admite ser regida por una preposición. PREPOSICION + INFINITIVO origina fórmulas que equivalen a proposiciones subordinadas:

   AL + INFINITIVO = CUANDO: *al vernos, dieron la media vuelta = cuando nos vieron...*
   = PORQUE: *al no venir, lo hicieron solos = porque no venía...*

   CON + INFINITIVO = AUNQUE: *con ser tan rico, vive como un miserable = aunque es tan rico....* También equivale a A PESAR DE + INFINITIVO, A PESAR DE QUE + verbo personal.

   DE + INFINITIVO = SI: *de venir, tráenos el libro = si vienes...*
   POR + INFINITIVO = PORQUE: *me castigaron por llegar tarde = porque llegué...*

8. También se originan algunas expresiones:

   A NO SER POR + INFINITIVO = SINO: *a no ser por ti, no lo habría hecho = si no fuera por ti...*
   A PODER SER = SI ES POSIBLE: *a poder ser, llámame antes de las siete = si es posible...*
   A MÁS TARDAR = LO MÁS TARDE: *debes pagarme el quince a más tardar = lo más tarde el quince...*
   NADA MÁS + INFINITIVO = TAN PRONTO COMO: *nada más llegar, lo arrestaron = tan pronto como llegó...*

EL INFINITIVO Y LOS PRONOMBRES COMPLEMENTO

9. Si el infinitivo no depende de un verbo conjugado, los pronombres complemento no preposicionales se postponen: *es muy fácil de hacerlo.- ¡A no fastidiarnos más!.*

10. Si depende de un verbo conjugado, hay varias posibilidades de colocación de los pronombres complemento:

    A. Preceden al verbo conjugado o siguen al infinitivo indistintamente si el verbo conjugado es un auxiliar como *poder, deber, querer: quieren irse = se quieren ir.- Pueden enviárselo = se lo pueden enviar.- Debe hacerlo = lo debe hacer.*

    B. Preceden al verbo conjugado con los verbos de percepción y causativos, siempre que dependan del mismo: *lo veo nadar.- Le permiten ir.* La razón es que el pronombre es el sujeto del infinitivo como prueba la transformación de la estructura en la equivalente: *veo que nada.- Permiten que vaya.*
    Pero si los pronombres son complemento del verbo en infinitivo, pueden preceder al verbo conjugado o seguir al infinitivo: *oyen cantar la canción = oyen cantarla / la oyen cantar.- Oyen a Pedro cantarle una canción a María = le oyen cantársela.*

    C. Preceden necesariamente al verbo conjugado cuando éste es reflexivo: *me pongo a considerar.- Se mete a discutir.* Si el reflexivo es el verbo en infinitivo, los pronombres complemento deben seguir al infinitivo: *siento aburrirte.- Desea irse.* Pero si el verbo conjugado es auxiliar, puede seguir al infinitivo o preceder al verbo conjugado: *quiere comérsela = se la quiere comer.*

    D. Siguen siempre al infinitivo con el impersonal HABER QUE: *hay que acabarlo.*

EJERCICIOS

Sustituya las palabras en cursiva por una perífrasis de infinitivo.

1. *Ahora mismo he visto* a Luz.
2. *Tal vez serán* las ocho.
3. Cuando nos vio, el ladrón *corrió precipitadamente.*
4. Al salir el sol, *de pronto cantan* los pájaros.
5. *Tengo la intención* de llamarte mañana.
6. El hielo *ha estropeado* los brotes.
7. *Gana aproximadamente* cien mil pesetas al mes.
8. *Está nevando sin cesar* desde ayer.
9. Ese tío *vino fuma que te fuma* en el avión.
10. Este autor *dice más o menos* lo que aquél.

11. *Ahora contesto* su atenta carta del doce de octubre.
12. Uno *no puede menos de* trabajar mucho para ganar para vivir.

Complete la proposición con una perífrasis de infinitivo que indique comienzo o fin de acción:

1. De pronto el paralítico ---------------- andar.
2. Cada vez que me ---------------------- estudiar, suena el teléfono.
3. Estábamos en noviembre y ya ------------------ hacer frío.
4. El mes pasado ---------------------- beber.
5. Ahora ------------------------ a nevar.
6. Al conocer la noticia de la muerte del hijo, la madre ---------------- a llorar.
7. Ya podemos salir porque ------------------------ llover.
8. Cuando le vimos vestido de aquella manera, nos -------------------- reír.
9. Nuestros vecinos --------------------- volver de vacaciones.
10. El costo de la vida ---------------------- subir.

Complete la proposición con una perífrasis de infinitivo que indique obligación:

1. Cada vez --------------------- trabajar más duro para llegar más lejos.
2. Te advierto que ------------------- estudiar más si quieres aprobar el curso.
3. Estoy segura que mis hijos ----------------------- llegar antes de comer.
4. ------------------ estar en el aeropuerto una hora antes de la salida del avión.
5. En mi época --------------------- tener padrinos para conseguir un buen trabajo.
6. Todos ------------------------ pagar impuestos.

Complete la proposición con IR, PASAR A, DEBER DE, VENIR A, VOLVER A, ECHAR A:

1. ---------------------- ganar unas 300.000 pts. al mes.
2. ---------------------- ir de vacaciones a la playa.
3. --------------------- ser las siete.
4. Tantas lluvias ---------------------- perder los sembrados.
5. Estás --------------------- perder tu salud con tanto alcohol.
6. Mañana a las tres ------------------ visitarle.
7. Esta tarde no puede salir, -------------------- hacer los ejercicios.
8. El preso ------------------------ fugarse de la cárcel.
9. Este periódico -------------------- decir lo mismo que los otros.
10. Siempre --------------------- cometer los mismos errores.

Sustituya las palabras en cursiva por expresiones equivalentes:

1. *Con ser* tan joven, está siempre cansado.
2. *Al* no *pagar* la multa, le metieron en la cárcel.
3. *De* no *mediar* los amigos, se habrían matado a cuchilladas.
4. Le multaron *por aparcar* sobre la acera.
5. *De ir*, llévale este paquete a tu hermana.

6. Todos se quedaron *al terminar* la sesión.
7. *De haber tenido* más dinero, me hubiera quedado.
8. *Con haber sido* tan rico, está en la miseria.
9. *Al no haber* aparecido ganador, el premio se acumula.
10. *A no ser* por su padre, que era ministro, nunca hubiera obtenido un puesto tan importante.
11. *A poder ser*, escribe cuando llegues.
12. Debéis estar en clase a las 9.05 *a más tardar*.
13. *Nada más llegar* el rey, empezó la ceremonia.
14. *A pesar de decirle* que no fuera, viajó a Madrid.
15. *De poder ser*, reserva las entradas para el fútbol con antelación.

Cambie por pronombres complemento las palabras en cursiva y ordene la proposición convenientemente:

1. Oyeron venir *al policía*.
2. Ven *al mendigo* recoger *trapos*.
3. Siente *a Juan* cantarle *una canción* a su novia.
4. Escucharon *al poeta* recitar *sus poemas* en el teatro.
5. Prohiben *a los alumnos* beber *bebidas alcohólicas*.
6. El gobierno prometió *a los pensionistas* subir *las pensiones*.
7. El profesor mandó repetir *el ejercicio a los alumnos*.
8. La policía aconsejó *a los espectadores* dejar *el coche* en casa.
9. Quieren obtener *un título* sin esfuerzo.
10. Desean solicitar *una entrevista al gobernador*.
11. Pueden dejar *el recado* por escrito *al portero*.
12. Sólamente Juan se permitió decir *la verdad al director*.
13. El ministro se puso a discutir *las enmiendas de la oposición* al final de la sesión.
14. Se sorprendió de ver *a su amigo* tan deprimido.

Indentifique los infinitivos del texto siguiente y explique su uso.

Yo no sé qué puede hacer un hombre recién salido de la cárcel en una fría noche de Navidad y con dos duros en el bolsillo. Casi lo mejor si, como en mi caso, se encuentra solo es ponerse a silbar una banal canción infantil y sentarse al relente del parque a observar cómo pasa la gente y los preparativos de la felicidad de la gente. Porque lo peor no es el estar solo, ni el hiriente frío de la Nochebuena, ni el terminar de salir de la cárcel, sino el encontrarse uno a los treinta años con el hombro izquierdo molido por el reuma, el hígado trastornado, la boca sin una pieza y hecho una dolorosa y total porquería. Y también es mala la soledad y la conciencia de la felicidad aleteando en torno, pero sin decidirse a entrar en uno. Todo eso es malo, como es malo el sentimiento de todo ello y como es absurda y torpe la pretensión de reformarse uno de cabo a rabo en una noche como ésta, con el hombro izquierdo molido por el reuma y con un par de duros en el bolsillo.

MIGUEL DELIBES, *Una noche así*

III. REPASO: EL GENERO

Escoja el artículo correcto:

1. (El-la) *espada* recibió (el-la) *espada* de su peón.
2. (El-la) *trompeta* del batallón es muy joven; pero (el-la) *trompeta* es muy vieja.
3. He comprado (el-la) *clave* de los ejercicios.
4. He comprado (el-la) *clave* en una tienda de objetos de música.
5. Se empezó la sesión tratando (del-de la) *orden* del día.
6. Mi hermano ha ingresado en (el-la) *orden* de los franciscanos.
7. Recibió (el-la) *orden* sacerdotal a los 25 años.
8. (El-la) *orden* corintio fue utilizado por los griegos en la construcción de muchos monumentos.
9. (El-la) *orden* de factores no altera el producto.
10. El profesor llamó (al-a la) *orden* a los alumnos.
11. Aborrezco (el-la) *doblez* con que actúan algunas personas.
12. He arrancado (el-la) *doblez* de la tapa del libro porque me molesta al leerlo.
13. En tiempos pasados mucha gente moría por causa (del-de la) *cólera*.
14. No podía disimular (el-la) *cólera*.
15. (El-la) *cometa* fue observado por muchas personas.
16. Cuando era niño los Reyes me trajeron (un-una) *cometa*.
17. (El-la) *lente* de ese microscopio es muy potente.
18. No puedo leer porque me he olvidado (los-las) *lentes* en casa.

Explique las diferencias entre las siguientes palabras, usándolas en una proposición:

el pez - la pez	el frente - la frente
el cura - la cura	el editorial - la editorial
el guía - la guía	el capital - la capital
el pendiente - la pendiente	el corte - la corte
el vocal - la vocal	el margen - la margen
el calavera - la calavera	el papa - la papa

Indique el género gramatical de estos nombres de animales:

culebra	cucaracha	ratón	pulga
piojo	puma	lechuza	gorrión
golondrina	boa	tiburón	águila

IV. CABOS SUELTOS: LO CONTRARIO

Busque lo contrario de la palabra en negrita.

1. Las manzanas están **maduras**.

2. Calle de dirección **doble**.

3. Es una persona muy **reservada**.

4. El profesor es muy **severo**.

5. Juan es muy **gracioso**.

6. Los parques están muy **descuidados**.

7. Pedro es un **colérico**.

8. Julia es una muchacha muy **taciturna**.

9. Es un hombre muy **emprendedor**.

10. Felipe es un **despilfarrador**.

11. Tiene una conducta **sincera**.

12. Dio muestras de una voluntad **tenaz**.

13. No conozco persona más **testaruda**.

14. Está **lleno** de buenas cualidades.

15. Se hirió en la región **posterior** del muslo.

16. Sólo tuvimos encuentros **esporádicos**.

17. En este momento sentía por ella algo **indefinible**.

18. Siempre ha sido un tipo bastante **excéntrico**.

19. Se juntan formando un ángulo **convexo**.

20. Estas elecciones las ganarán los **progresistas**.

4

LA ALHAMBRA

Iniciada su construcción en 1238 por el primer rey nazarita Alhamar, La Alhambra se completó más tarde en todo el esplendor y belleza que la hacen un edificio único en el mundo. Con la Mezquita de Córdoba y el Alcázar de Sevilla es una muestra magnífica del arte árabe.

I. LECTURA: FIESTAS Y ARTE DE ESPAÑA

El flamenco

Es pura magia y misterio *jondo*, fundamento de una filosofía y una presencia de la vida y de la muerte, alma de esa Andalucía, que lleva sobre sus hombros cinco mil años de civilización. El flamenco payo y gitano, *bailao, cantao y tocao*, es por sí sólo una razón suficiente para venir a España o para ir a Andalucía, aunque haya que recorrer medio mundo. Y allí, fascinarse *hasta los tuétanos*.

Las discotecas

Durante el verano, más que en cualquier época del año, son las catedrales del ruido, el *contoneo*, el ligue y la diversión hasta la madrugada. Se cuentan por miles a lo largo de las costas y, naturalmente, en el interior del país.

El ligue

Posiblemente sean los italianos los campeones del *abordaje* inesperado e informal de las mujeres en los sitios públicos. Pero también en España es una vieja institución, precedida tradicionalmente por el legendario piropo y ahora por el conocimiento circunstancial e improvisado *con miras... a lo que salga*. Hoy, los que pretenden ligar no son solamente ellos, sino también ellas, con todo derecho. Desde luego, constituye un recurso ideal para los visitantes que, por supuesto, no tienen quien les presente al rubio o a la morena esa.

La juerga nocturna en las calles

Este es el último país de Europa que todavía sigue viviendo de noche, en las calles, al menos durante los fines de semana y las vacaciones: la cultura española es, predominantemente, *de puertas afuera*. España duerme poco, durante la noche *veraniega* prefiere *refocilarse* en *chiringuitos*, tascas, tabernas, discotecas, pubs y bares, y en sus inmediaciones, siempre *ahítos* del *jolgorio estival*, al que suelen unirse millones de extranjeros visitantes.

Los sanfermines pamplonicas

Las fiestas bárbaras que seducían tanto a Hemingway se celebran en la semana del 7 de julio. Sólo los expertos participan como protagonistas del *encierro*, pero el resto puede disfrutar del espectáculo *adobado* de los inevitables vinos navarros.

El mejor románico de Europa

Hace más de un milenio los peregrinos comenzaron a trazar el Camino de Santiago, que partía de París, Vezelay, Le Puy y Arlés hasta la capital *jacobea*. A su vera se edificó la mejor arquitectura románica del continente, además de dos monumentos impresionantes del gótico español: las catedrales de León y de Burgos. Al final de *la ruta* jacobea surgió una de las ciudades más fantásticas de la Península: la incomparable Santiago de Compostela.

Granada y la Alhambra

"Dale limosna mujer / que no hay en la vida nada / peor que la pena de ser / ciego en Granada", pedía un poeta del 98 a los visitantes del Albaicín y el Generalife. Granada y su *inigualable* Alhambra, construida en el fino y frágil estilo nazarí, constituyen uno de los grandes tesoros de España y, según una reciente declaración, patrimonio de la humanidad.

La mayor pinacoteca del mundo

En Madrid, el Museo del Prado es *un festín* para los ojos de los amantes de las bellas artes. La colección de pintura italiana del Renacimiento y de la escuela flamenca bastaría para seducir a cualquier aficionado. Pero además y sobre todo están Velázquez, El Greco y Goya. Y no lejos de allí en el Museo de Arte Contemporáneo Reina Sofía, el *Guernica*, de Picasso y desde hace poco tiempo, frente al Prado, la espléndida colección Thyssen comprada por el Estado Español.

Cambio 16, no. 706 / 10.6.1985

A.   ¿Quién lo sabe?

Hemmingway
Camino de Santiago
Nazarí
El 98
Renacimiento

B. **Vocabulario de la fiesta. Use en una frase las palabras siguientes. Busque otras relacionadas:**

Abordaje	Contoneo	Jacobeo	Pinacoteca
Ambiente	Encierro	Jolgorio	Románico
Cante jondo	Festín	Ligue	Tablao
Colección	Gótico	*Marcha*, Movida	Terraza

C. **Complete con expresiones apropiadas del texto.**

1. El flamenco es razón suficiente para venir a España y allí fascinarse ------------ --- -------------- ----------------.
2. Las discotecas se cuentan ---------- ---------- a lo ------------ de la costa.
3. Existe el conocimiento circunstancial ------------ ----- ----- ----------.
4. La cultura española es preferentemente ----- ---------- ----------------.
5. La mejor arquitectura románica se edificó ------ ------- --------- del camino.
6. La ciudad de Santiago surgió al final de ------ --------- -------------.
7. No hay en la vida --------- ---------- -------------- ser ciego en Granada.
8. La Alhambra es ---------- ------- ------ ------------- según una reciente declaración.

D. **Explique estas expresiones y relaciónelas con la lectura.**

1. Divertirse a tope.
2. No comerse una rosca.
3. Tirar los tejos.
4. Darse un baño de cultura.
5. Ir de piedras.
6. Ir de picos pardos.

E. **Temas para conversar.**

1. ¿Hay en España algo más que jolgorio y arte?
2. ¿Es condenable el piropo?
3. ¿Cómo se liga ahora?
4. ¿Por qué fue importante el Camino de Santiago?
5. ¿Qué dejaron los árabes en España además de La Alhambra?
6. ¿Cómo distinguiría una catedral románica de una gótica?
7. ¿Le gustan las fiestas populares como los sanfermines?
8. ¿Ha visto el Prado? ¿Qué pintor conoce?

F. **Comentario especial.**

1. Defina **flamenco** en baile flamenco y pintura flamenca.
2. Diferencias entre **chiringuito, tasca, taberna.**
3. **Payos y gitanos.**

II. GRAMATICA: EL GERUNDIO. TIEMPOS PROGRESIVOS

TIEMPOS PROGRESIVOS

1. La acción verbal se puede considerar bajo muchos aspectos que matizan el tiempo verbal: incoactivo (comienzo de acción), terminativo (fin de acción), imperativo (obligación), conativo (intención de acción), iterativo (repetición), causativo (efecto producido).

2. Más interesante es el concepto de aspecto durativo (acción que se extiende temporalmente como en el imperfecto de indicativo) opuesto al puntual (acción no prolongable como en el indefinido). También se les llama respectivamente aspecto imperfectivo y perfectivo. Un caso de aspecto durativo es el aspecto progresivo que denota la acción verbal en desarrollo, sin considerar el comienzo o el fin.

3. En castellano, el presente y el imperfecto de indicativo tienen la propiedad de presentar la acción en desarrollo: *como.- Era muy hermosa.* A su lado se ha originado un grupo de tiempos perifrásicos formados mediante un verbo conjugado seguido del gerundio simple.:

4. ESTAR: *está comiendo.* Valor no marcado.
   ANDAR: *anda diciendo horrores de ti.* Exteriorización. También imprecisión: *anda viajando.*
   IR: *va mejorando.* Proceso lento. Pero a veces alterna con ANDAR: *va contando chismes.*
   SEGUIR: *sigue trabajando mucho.* Continuidad. Lo mismo con CONTINUAR.
   VENIR: *viene usando los mismos apuntes desde que es profesor.* Continuidad desde el pasado, carácter iterativo frente a SEGUIR.

   ESTAR + GERUNDIO no es tan frecuente en castellano como en otras lenguas. Hay varias limitaciones en su uso:

   a) No se usa con *tener, poseer, saber* y *caber.* Pero es posible con tener en ciertas ocasiones donde no significa posesión: *ese equipo está teniendo mala suerte.*

   b) No expresa ideas reiterativas como VENIR, ni habituales como SEGUIR. Así no es posible decir *cada domingo está comprando Excelsior*, ni *está comiendo a las dos todos los días.* Expresa, en cambio, acciones continuativas: *estás hablando mucho.- Estoy comiendo demasiado.*

   c) No aparece en futuro a menos que se dé una de estas circunstancias: concurrencia con otra acción futura: *cuando llegues a casa, mi avión estará aterrizando*; o probabilidad: *estará pensando en babia.*

   d) Con verbos que significan acción puntual, denota repetición: *dispara* vs. *está disparando.* Con verbos de acción durativa, denota lo puntual: *da dinero a los pobres* vs. *está dando dinero a los pobres.*

OTRAS PERIFRASIS DE GERUNDIO

5. ACABAR + GERUNDIO: *siempre acaban riñendo.* Fin de proceso.
    QUEDARSE + GERUNDIO: *se quedó durmiendo hasta las dos.* Permanencia.
    SALIR + GERUNDIO: *el ladrón salió corriendo.* Inicio brusco. También ocu-
    rrencia temperamental: *ahora sale diciendo que no puede.* Pero con *ganar* y *per-
    der*, resultado de proceso: *salí ganando, tú saliste perdiendo.*
    LLEVAR + GERUNDIO: *llevo tiempo esperando.* Denotación temporal. Lo
    mismo con PASAR: *pasó dos horas gritando.*

CONSTRUCCIONES DIVERSAS

6. El gerundio origina ciertas construcciones dentro de otra preposición, algunas
    de las cuales equivalen a proposiciones subordinadas.

    VALOR TEMPORAL
    Con EN, equivale a TAN PRONTO COMO: *en acabando de comer, continua-
    remos viaje.*

    Equivalente a AL + INFINITIVO: *lo detuvieron entrando en casa.*

    VALOR CONCESIVO
    Equivalente a AUNQUE. Muy frecuente con AUN: *aun sabiéndolo, lo negó.-
    Nevando y todo, saldremos.*

    VALOR CAUSAL
    Equivalente a PORQUE, COMO: *conociendo tu talento, no me extrañan tus notas.*

    VALOR CONDICIONAL
    Equivalente a SI: *dándote prisa, llegarás a tiempo.*

    VALOR COPULATIVO
    Equivalente a Y SER: *Soria tiene pocos habitantes, siendo una de las ciudades más
    pequeñas de España.*

    El gerundio tiene además un curioso valor locativo: *lo encuentras pasando el
    puente.- En doblando a la derecha.* Algunos lo consideran temporal equivalente a
    AL + INFINITIVO.

EJERCICIOS

Utilice una perífrasis progresiva para expresar las siguientes ideas:

1. Los precios suben sin cesar.

2. El enfermo empeora progresivamente.
3. Llueve todos los días desde abril.
4. Somos compañeros desde hace diez años.
5. Mi hermano viaja de un sitio a otro sin fijeza.
6. Al director se le nota enfermo últimamente.
7. El cielo se cubre poco a poco.
8. La tuna canta por calles y plazas.
9. Siempre trabajó y trabaja mucho.
10. Mi vecino me molesta porque me espía descaradamente.

Escoja el verbo adecuado para formar una perífrasis de gerundio:

1. Desde que quedó viudo, mi tío -------------------------- cobrando su pensión.
2. Los alumnos -------------------- animando la fiesta con cantos y bailes.
3. Si me lleváis la contraria, vosotros ------------------ perdiendo.
4. Tu español --------------------------- mejorando bastante.
5. No te creo. Siempre ------------------ diciendo mentiras.
6. -------------------- sentándose ustedes a medida que entran.
7. Esa pareja ------------------ riñendo todos los días.
8. El suplemento deportivo -------------------- publicándose todos los lunes.
9. Ayer --------------------- bebiendo el pobre hasta las tres.
10. Desde hace tiempo -------------------- pensando en ese problema.
11. Estaba tan aburrido que se -------------------- durmiendo.
12. Su novio ------------------ una hora esperándola.
13. Anoche me -------------------- estudiando hasta muy tarde.
14. Esos dos se -------------------- besando en todas las esquinas.
15. Mary ----------------------- estudiando alemán un año.
16. ¿Qué ----------------------- pensando mi amigo?
17. En cuanto llega, ya -------------------- llamándola.
18. Mientras voy al baño, ---------------------- tú pidiendo el menú.
19. Como llegó la policía, el ladrón ------------------ corriendo.
20. Después de tanto tiempo, ella -------------------- acusándome de esa ofensa.

Corrija el error contenido en cada proposición, si lo hay:

1. Cada día están engordando más.
2. Está saliendo la revista cada domingo.
3. Va usando los mismos apuntes desde que ganó la cátedra.
4. Sigue a estudiar en Harvard.
5. Estuvo poseyendo ese coche varios años.
6. Aquí atrás estamos cabiendo cómodos.
7. Siguió tocando en la orquesta hasta su muerte.
8. Estás teniendo una mala racha.
9. El Madrid estará ganando la liga este año.
10. El enfermo sigue muriéndose.

Transforme en una construcción con gerundio:

1. Cuando pase el invierno, saldrán las flores.
2. Tan pronto como me vio, vino hacia mí.
3. Como supe que la cosa acabaría mal, me marché.
4. Aunque llueva, iremos al cine.
5. Si hubiera gastado menos, me hubiera podido quedar más días.
6. Si le llamas ahora, lo encontrarás en casa.
7. Lo verá al cruzar esa calle.
8. Lo sorprendieron al robar unas manzanas.
9. Aunque hacía mal tiempo, lo pasamos bien.
10. Madrid es ciudad grande y es muy divertida.

Identifique los gerundios del texto y explique su uso:

> Mil gracias derramando
> pasó por estos sotos con presura,
> y yéndolos mirando,
> con sola su figura
> vestidos los dejó de su hermosura.
>
> Y todos cuantos vagan
> de ti me van mil gracias refiriendo,
> y todos más me llagan,
> y déjame muriendo
> un no se qué que quedan balbuciendo.
>
> Mas ¿cómo perseveras,
> oh vida, no viviendo donde vives
> y haciendo por que mueras
> las flechas que recibes
> de lo que del Amado en ti concibes?

> SAN JUAN DE LA CRUZ, *Cántico espiritual*

III. REPASO: POSICION DEL ADJETIVO

En los siguientes versos de Garcilaso de la Vega (1501-1536) justifique la posición de los adjetivos en cursiva:

> Por ti el silencio de la selva *umbrosa*,
> por ti la esquividad y apartamiento
> del *solitario* monte me agradaba;
> por ti la *verde* hierba, el *fresco* viento,
> el *blanco* lirio y *colorada* rosa
> y *dulce* primavera deseaba.
> !Ay, cuánto me engañaba!
> !Ay, cuán diferente era
> y cuán de otra manera
> lo que en tu *falso* pecho se escondía!
> Bien claro con su voz me lo decía
> la *siniestra* corneja repitiendo
> la desventura *mía*.
> Salid sin duelo, lágrimas, corriendo.

Haga lo mismo en el siguiente fragmento:

Afuera, la ciudad *bulliciosa* invitaba a la aventura, me llamaba, todo mi cuerpo era una antena *tensa* al trepidar de los tranvías *amarillos*, al eco de las bocinas, al fulgor de los anuncios *luminosos* alegrando allí, a pocos pasos, la Puerta del Sol, y me sentía tragada por una ballena; se me propagaba todo el bostezo de la casa con su *insoportable* tictac de relojes y *su* relucir *inerte* de plata y porcelana, templo del orden, sostenido por *invisibles* columnas de ropa *limpia, planchada,* y *guardada* dentro de las cómodas, ajuar de cama y mesa, pañitos *bordados,* camisas *almidonadas,* colchas, entredoses, encajes, vainicas, me daban ganas de empezar a abrir cajones y baúles y salpicar de manchas de tinta aquella *pesada* herencia de *hacendosas* bisabuelas, pero seguía sentada, con la nuca *inclinada* sobre el tapete y haciendo *juiciosos* dibujos: una niña que va por el bosque con *su* cesta, una familia cenando, un hombre *asomado* a la ventanilla del tren, una mujer *metida* en la cama. "Esa se entretiene con *cualquier* cosa -decía mi madre-. Le gusta mucho estudiar".

CARMEN MARTÍN GAITE, *El cuarto de atrás*

Los siguientes adjetivos cambian de significado según se antepongan o postpongan. Uselos de las dos maneras en una proposición:

grande	pobre	nuevo	simple	cierto
viejo	dichoso	ese	medio	pura
cierto	mismo	flaco	antiguo	menudo

IV. CABOS SUELTOS: HISTORIETA

Trate de caracterizar el tipo de habla usado en esta historieta.

(*Condorito*, n.º 35, octubre 1987)

5

LA PAELLA

Plato por excelencia de la cocina española, sin duda alguna el más conocido internacionalmente en el que el arroz juega un papel fundamental. Valencia es la región por autonomasia de la paella. (Foto cedida gentilmente por el Institut Turistic Valencia-ITVA).

I. LECTURA: COMIDAS TIPICAS

La tortilla de patatas

La *materia prima* vino de América en el siglo XVI y, probablemente, la primera mezcla de patatas con huevo la hizo un francés. Pero la tortilla de patatas es, a pesar de todo, inequívocamente española: un manjar simple y delicioso, siempre listo, frío o caliente, en cualquier *tasca*, bar o restaurante español.

La paella

Es el más famoso plato español en el extranjero, maltratado en todas las latitudes, inclusive en España. No abundan los sitios donde *manducar* una buena paella, porque tampoco es *moco de pavo* prepararla como es debido. Sin embargo, ¿dónde sino en la costa valenciana y alicantina y en algunas *sucursales* dignas, se puede *incursionar* con éxito en el delicioso arroz levantino?. La mesa está servida.

El tapeo

Es una costumbre típicamente española: *acodarse* en una barra, beberse el vino o la cerveza y comer *la tapa* que viene adjunta mientras se *le da al palique*. Y luego, repetir lo mismo en otras tascas o bares, antes de dedicarse a almorzar o cenar. *La tapa*, ese bocadito que sirve para tapar los *efectos etílicos*, ha dado nombre a la costumbre que es moneda corriente de amistad.

El jamón de jabugo

La pata negra de cerdo ibérico, alimentado con *bellotas* y *curada* en la serranía de Huelva, es la quintaesencia del jamón: nada más exquisito, con sus precisas inserciones de grasa. La peste *porcina* africana, (absolutamente inocua para el hombre) impide su exportación, por lo que el jamón de Jabugo es una delicia que hay que *catar* y gozar en España.

El chocolate con churros

"Las cosas claras y el chocolate espeso", dice un viejo refrán castellano, a ser posible con churros o porras. Tomado al amanecer, *después de correr la juerga*, es indispensable para irse a la cama con el estómago (además del corazón) contento.

RECETAS

GUISO DE SALMON CON ALMEJAS

INGREDIENTES

* 1 kg. de salmón en trozo.
* 300 grs. de almejas.
* Aceite.
* 2 cebollas.
* 1 diente de ajo.
* 1 cucharada de harina.
* 1/2 vaso de txacoli.
* Agua.
* Perejil.
* Laurel.
* 800 grs. patatas.
* Sal.

ELABORACION

Rehogar en una cazuela con aceite la cebolleta y el ajo picadito.

Posteriormente añadimos una cucharada de harina y rehogamos un poquito. A continuación ponemos las patatas cortadas en trozos pequeños y cubrimos con agua y txakoli.

Cuando la patata lleva cociendo 20 minutos se añaden las almejas y el salmón cortado en dados. Dejamos cocer diez minutos y servir.

CARTA

Consomé de mariscos..	650 pts.
Centollo al cava..	300 pts.
Gratinado de espinacas con langostinos........................	1.200 pts.
Rollitos de salmón con angulas	1.800 pts.
Foie-gras de pato trufado	1.700 pts.
Pato con peras	1.100 pts.
Espaldita de cabrito asado a la menta	1.900 pts.
Medallones de solomillo al hojaldre	1.800 pts.

A. ¿Quién lo sabe?

Serranía de Huelva
Jamón de Jabugo
Alcohol etílico

B. Vocabulario gastronómico. Use en una frase las palabras siguientes. Busque otras relacionadas.

ajo	catar	guiso	manjar
almeja	cava	grasa	plato
arroz	cebolleta	ingrediente	receta
cabrito	cerveza	jamón	rehogar
carta	churro	langostino	tapa

C. Complete con expresiones apropiadas del texto.

1. De América vino ------- --------- --------- de la tortilla de patata.
2. La tortilla de patata es, ---- ------- ------ ------, un manjar delicioso.
3. Preparar una buena paella no es ------------ ------ --------------.
4. Se come y se bebe mientras se ------- ------- ------- -------------------.
5. La tapa ha dado nombre a la costumbre que es ----- ------- ------- ---------.
6. La pata negra de cerdo ibérico es ------------ ---------------- del jamón.
7. "------- ------- ------- y ---- -------- -------". dice un viejo refrán.
8. Tomado al amanecer. ------ ------ --------- ----- ---------, el chocolate es indispensable para irse feliz a la cama.

D. Explique estas expresiones y relaciónelas con el tema de la lectura.

1. Tomar un tentepié.
2. Dar gato por liebre.
3. No está el horno para bollos.
4. Postre casero.
5. La cesta de la compra.
6. Comer a dos carrillos.

E. Temas para conversar.

1. ¿Cómo se hace una tortilla de patatas?
2. ¿Conoce otros productos americanos complementados con europeos?
3. ¿Qué ingredientes lleva la paella?
4. ¿Cuál es el plato típico de su país?
5. ¿Puede explicar alguna receta culinaria?
6. ¿Cómo le gusta el chocolate?
7. ¿En qué consiste el tapeo?
8. ¿Alimentación ideal?

F. Comentario especial.

1. ¿*Manducar* o *comer*? Explique la diferencia.
2. Explique el significado de *levantino* y busque el opuesto de *Levante*.
3. ¿Por qué *porcino* y no *puerquino*?

II. GRAMATICA: EL PARTICIPIO. LA VOZ PASIVA

CONCORDANCIA

1. El participio permanece invariable cuando se une a HABER para formar los tiempos compuestos: *el perro ha corrido mucho.- La gata no ha maullado.- Los chicos han progresado mucho.*

2. En los demás casos, el participio funciona básicamente como un adjetivo. Por lo tanto, concuerda con la palabra de la que depende. Pueden darse tres posibilidades:

    a) Dependencia directa de un nombre: *la mujer, cansada, no decía nada.- Agotados los recursos, no se pudo hacer nada más.*

    b) Dependencia del sujeto de la proposición a través de un verbo como *ser, estar, andar, seguir, ir, quedar(se)* y otros asimilables a *estar.* Es el caso de la voz pasiva: *los árboles son talados en otoño.- La puerta ya estaba pintada.* Pero también de los llamados verbos atributivos: *el reloj va retrasado.- La chica sigue deprimida.- Tras el esfuerzo, los corredores quedaron cansados.*

    c) Dependencia del complemento de la preposición a través de un verbo como *tener, llevar, dejar: dejó el país arruinado.- Lleva rota la chaqueta.- Tiene la falda desabrochada.*

PARTICIPIOS NOMINALIZADOS, ACTIVOS Y DOBLES

3. Algunos participios de uso muy frecuente se han convertido en nombres que funcionan ya con total autonomía como tales: *juzgado, pecado, dicho.* Otros se pueden sustantivar ocasionalmente mediante LO: *lo escrito, escrito está.- A lo hecho, pecho.*

4. El participio tiene en sí mismo un valor pasivo: *la carta escrita = la carta que ha sido escrita.* Pero algunos cobran valor activo y cambian de significado: *hombre leído = culto, que ha leído mucho.- Mujer resuelta = que es decidida o tiene resolución.*

5. Algunos participios tienen una doble forma. En ese caso, puede ocurrir que las dos signifiquen lo mismo, pero una se usa más que la otra: *freído = frito.* **Frito** se usa más que **freído**: *patatas fritas.* Otras veces, una funciona como verdadero participio y otra como sustantivo, o bien, una se usa cuando se denota acción y otra cuando se denota resultado de una acción. Compárese:

    El ladrón fue prendido por un agente del orden.
    El ladrón está preso.
    El preso compareció ante el juez.
    El preso escapó y fue prendido de nuevo.

ESTRUCTURAS EQUIVALENTES

6. El participio propicia algunas estructuras que son equivalentes a otras de carácter subordinado:

    TEMPORALES: *llegada la hora, nos despedimos = cuando llegó la hora...*

    CAUSALES: *resuelto el problema, no tengo nada que decir = como se ha resuelto el problema...*

    CONDICIONALES: *roto el pacto, se iniciará la guerra = si se rompe...*

    CONCESIVAS: *necesitado que estuviera, no te pediría nada = aunque estuviera necesitado...*

    Nótese que en estas tres primeras construcciones el sujeto sigue siempre al participio. En la última debe seguir al participio una fórmula formada por QUE + SUBJUNTIVO.

PASIVA CON SER Y ESTAR

La pasiva con *ser* y *estar* no se emplea en castellano tanto como en otras lenguas. La pasiva con *ser* expresa una acción: *la batalla de Waterloo fue perdida por Napoleón*. La pasiva con *estar* expresa el resultado de la acción: *la ventana está abierta*.

7. Sólo los verbos transitivos aceptan la voz pasiva: *el general ganó la batalla = la batalla fue ganada por el general*. Hay algunas restricciones a esta regla:

a) Nunca se usa en pasiva el verbo *poder*. No se construyen con *estar* verbos como *querer, besar, saludar, amar* y otros.

b) No se usan como pasivos en el presente e imperfecto de indicativo los verbos de acción instantánea como *abrir, volver, acabar*. No se dice *el examen es acabado por los estudiantes* sino *los estudiantes acaban el examen*. No obstante, se acepta la pasiva con un presente histórico: *América es descubierta por Colón en 1492*; en titulares de periódico: *anciano es robado y muerto*; y en acciones habituales: *la puerta es abierta todos los días a las ocho*.

c) No se usa la pasiva con *estar* en ninguno de los tiempos pasados, excepto el imperfecto de indicativo y subjuntivo. No se dice *los libros estuvieron escritos en 1870*. Sin embargo, se puede usar si en la proposición se implica un tiempo límite: *la puerta estuvo abierta hasta la diez*.

8. No siempre la pasiva con *estar* denota resultado. Con verbos de localización denota simple estado: *España está situada en Europa*. Con verbos durativos denota simultaneidad: *el niño está entretenido*.

9. No se puede pasar a una pasiva desde una construcción reflexiva, aunque los verbos reflexivos son transitivos. De *me lavo la cara* no se puede derivar *la cara es lavada por mí*. Tampoco desde una construcción partitiva: *Juan come pan*; ni impersonal seguida de QUE: *dicen que va a llover*; ni cuando en el complemento hay un posesivo que se refiere al sujeto: *Pedro ama a su novia*.

10. Los verbos intransitivos no admiten la pasiva. Sin embargo, a veces aparece con *estar* el participio de un verbo intransitivo. En este caso, el participio suele estar adjetivado: *está muerto*. Incluso se da cambio semántico: *está ido = está loco*.

EJERCICIOS

Haga concordar el participio del verbo en infinitivo con la palabra de la que depende:

1. Ayer me dejé (olvidar) el diccionario.
2. Mi madre siempre dejó (hacer) la comida.
3. María ya tiene (poner) la mesa.
4. A tu edad yo tenía (publicar) un libro.
5. Tu salud me tiene (preocupar) como tu madre que soy.
6. Os tengo (decir) que no fuméis.

7. Ya llevamos (cazar) cinco liebres.
8. ¿Cuánto dinero lleváis (gastar) en chucherías?
9. Me figuro que ya han quedado (sentar) las bases del arreglo.
10. Tu jefe se ha quedado (desahacer) por tu decisión.
11. Mi hermano anda (meter) en líos de faldas.
12. Mi reloj va (retrasar).
13. Ya va (escrutar) el 99 % de los boletos.
14. Doy la lección por (explicar) y el asunto por (zanjar).
15. Ella sigue (decidir) a casarse con él.
16. El sacerdote estaba (indignar) con su confesión.
17. ¿Le gustan a usted las patatas (freir)?
18. Los obreros, (acosar) por la policía, se rindieron.
19. Entrega de documentos, (incluir) la instancia.
20. La policía, (controlar) la situación, volvió a su cuartel.
21. Este libro fue (imprimir) en 1605.
22. ¿Tienes dinero (soltar) para llamar?
23. Chico, estás (dormir).
24. ¿Ya han (poner) el anuncio en la prensa?
25. Han (morir) muchas aves por la contaminación.

Derive el participio de los verbos en paréntesis y úselo como un sustantivo en la proposición.

1. (herir). Los ----------------------- han mejorado mucho.
2. (poner). Aun no he pasado por el ----------------------- de periódicos.
3. (hacer). Los ------------------- demuestran lo contrario.
4. (juzgar). Verán la causa en un ------------------- de primera instancia.
5. (emplear). Los --------------------- se declararon en huelga.
6. (graduar). Los ---------------- de ciertas universidades obtienen más pronto un empleo que otros.
7. (pecar). No hay perdón para los -------------------.
8. (pedir). Es un --------------------- de mucha importancia.
9. (imponer). Han vuelto a subir otra vez los ---------------------.
10. (delegar). Acudieron todos los ----------------- de las autonomías.

Los siguientes verbos tienen doble participio. Derívelos y diga el significado y uso de cada uno, construyendo una proposición:

bendecir	eximir	poseer
confesar	extinguir	prender
convencer	hurtar	recluir
convertir	imprimir	soltar
despertar	injertar	sujetar
enjugar	nacer	suspender

Reemplace la expresión en cursiva por una oración subordinada.

1. *Una vez acabado el cuadro*, lo vende fácilmente.
2. *Hecho de esta manera*, no resultaría mal.
3. *Muerto el perro*, se acabó la rabia.
4. *Ni herido que estuvieras*, iría al hospital.
5. *Llegado el momento*, decidiremos.
6. *Terminado que hubo*, bebió un vaso de agua.
7. *Gastado ese dinero*, no podremos ni comer.
8. *Oído el reo*, el juez dictó sentencia.

Use ser o estar. Emplee el tiempo verbal adecuado.

1. El sastre volvió el forro de mi chaqueta.
2. No pudieron hacer nada.
3. Pedro besa a su novia en público.
4. Ahora te abro la puerta.
5. Han robado toda la tiza de la clase.
6. El pueblo lo quería mucho.
7. No me dejaron entrar en el cine por menor.
8. Ese señor bebe mucho vino.
9. Comentan la noticia en todas partes.
10. Dicen que lo han visto robando.

Transforme en pasiva con ser o estar las construcciones siguientes, si es posible:

1. El satre volvió el forro de mi chaqueta.
2. No pudieron hacer nada.
3. Pedro besa a su novia en público.
4. Ahora te abro la puerta.
5. Han robado toda la tiza de la clase.
6. El pueblo lo quería mucho.
7. No me dejaron entrar en el cine por menor.
8. Ese señor bebe mucho vino.
9. Comentan la noticia en todas partes.
10. Dicen que lo han visto robando.

Indique el resultado de estas acciones:

1. El río se desbordó.
2. El pájaro se murió.
3. Rompieron las ventanas.
4. El chico se aburre mucho.
5. Se fundió la bombilla.
6. Se estropeó el motor.

Reemplace la expresión en cursiva por otra con participio:

1. *Después de terminar la carrera,* buscaré empleo.
2. *Cuando se repuso del todo,* reanudó el trabajo.
3. *Aunque viera destruido mi esfuerzo,* seguiría trabajando.
4. *Cuando llegó el momento,* nos despedimos.
5. *Si gastáramos esa cerilla,* ni fuego podríamos hacer.
6. *Como habéis resuelto el lío,* nos vamos a celebrarlo.
7. *Cuando hubo comenzado la película,* sonó un disparo.

Identifique los participios del texto y explique su uso.

Sentada ante uno de esos arcaicos veladores con tablero de damas, cabeceaba el sueño la anciana Condesa de Cela: los mechones plateados de sus cabellos rozan con intermitencias los naipes alineados para un solitario. En el otro extremo del canapé, está su nieta Rosario. Aunque muy piadosas entrambas damas, es lo cierto que ninguna presta atención a la vida del santo del día, que el capellán del Pazo lee en alta-voz, encorvado sobre el velador, y calados los espejuelos de recia armazón dorada. De pronto Rosarito levanta la cabeza, y se queda como abstraída, fijos los ojos en la puerta del jardín que se abre sobre un fondo de ramajes oscuros y misteriosos. Vista a la tenue claridad de la lámpara, con la rubia cabeza en divino escorzo, Rosarito recordaba esas ingenuas madonas, pintadas sobre fondo de estrellas y luceros.

RAMÓN MARÍA DEL VALLE-INCLÁN, *Jardín umbrío*

III. REPASO: NUMERALES

Explique el significado de los siguientes modismos:

1. Ese político *es un cero a la izquierda*.
2. Os voy a tener que *cantar las cuarenta*.
3. No tiene *dos dedos de frente*.
4. No le busque *tres pies al gato*.
5. Voy a España *cada dos por tres*.
6. Julia *sigue en sus trece*: no quiere casarse.
7. Lo que te cuento es tan cierto *como que dos y dos son cuatro*.
8. Ayer, porque hacía fresco, estábamos *cuatro gatos* en la plaza.
9. Mis alumnos les *dan ciento y raya* a los tuyos.
10. ¿Por qué *regla de tres* me toca a mí siempre pagar el pato?

Diga el significado de los siguientes numerales colectivos:

dúo - par - bienio   quincena - (quinceañero)
terceto - trío - trienio   veintena
cuarteto   cuarentena - (cuarentón)
quinquenio - quinteto - lustro   centena - centenario - siglo - centenar
sexteto - sexenio   milenio - millar
década - decenio   docena

Lea las siguientes frases:

1. Gana ½ millón de pesetas al mes.
2. Luis XIV fue un rey francés.
3. La 2ª República española duró de 1931 a 1939.
4. El 10 % de los españoles tiene más de 60 años.
5. Mi apartamento tiene 250 m^2.
6. Consumimos 2 m^3 de gas a la semana.
7. Alfonso X° fue un gran rey castellano.
8. El 11° hijo de este matrimonio tiene sólo ½ año.
9. 1/3 de 9 es 3.
10. 8 = 64.
11. 8 = 512.
12. ¿Cuál es la raíz cuadrada de 400?
13. ¿Cuál es la raíz cúbica de 2?
14. 18:4 da 4 y sobran 2.
15. 1/4 de la población está descontenta con el gobierno.
16. 1/8 de mi sueldo lo gasto en comer.
17. 1/15 de los alumnos no pasan el examen.
18. El triple de 6 es ----------------.

IV. CABOS SUELTOS: EUFEMISMOS

Use el eufemismo adecuado para cada proposición.

En estado interesante	Mecachis
Hacer pipí	Democracia orgánica
Ir al baño	Un moreno
Los servicios	Clases menos favorecidas
Hacer de vientre	Tercera edad
La pucha	Delicado de salud
Traje de Adán	Híjole / hijo'c
Corto de luces	Minusválido
Tercer mundo	Invidente
Conflicto laboral	Pasar a mejor vida

1. En tiempos de Franco estaba de moda la ------------------------, una manera de designar la dictadura.
2. ¡La ------------- y qué frío hace!
3. Discúlpame un momento: voy al ------------------------ .
4. Camarero, ¿dónde están los ----------------------- ?
5. El médico le dijo que si no ----------------- ------ ------------, se pusiera un supositorio.
6. Niño, no ---------------------- ----------------------- en público.
7. Mi mujer está en ---------------------- ----------------- . Espera en junio.
8. ¡ ----------------- !. !Otra vez hemos pinchado!
9. Como estaba ---------------- ------ ----------------, lo internaron en un sanatorio.
10. Este chico no irá muy lejos. Es -------------------- -------- --------------------.
11. ¡---------------------- y qué sinvergüenza es!
12. Los países del ---------------------- -------------------- no son muy ricos.
13. La ------------------------ ---------------------- abunda en problemas físicos.
14. En España los ------------------------ tienen una organización muy poderosa.
15. Nos sorprendieron bañándonos en -------------------- ------- ----------------.
16. Por fin el dictador --------------- ------ ------- ----------------- y nos dejó en paz.
17. Hay que ayudar a los ---------------------- .
18. Me lo dijo un -----------------, de muy buen parecido.
19. El gobierno se preocupa por resolver los ---------------------- ----------------------.
20. Las ------------- ------ --------------- necesitan más de la ayuda social.

6

23515

LOTERIA NACIONAL
Décima parte del billete
para el sorteo del día
22 de Diciembre de 1993
EL DIRECTOR GENERAL

102/93

23ª
SERIE

4ª
FRACCION

PRECIO
3.000
PESETAS

«NAVIDAD»
Fragmento del «Retablo de la Virgen»
(siglo XVI), obra de autor anónimo realizada en madera policromada, que conserva
el Museo Diocesano de Palencia.

CUARTA FRACCION   23515

Ⓡ FCA NAL DE MONEDA Y TIMBRE
MADRID. ESPAÑA

102304023<0235151FGY

Premios Nobel
Rigoberta Menchú, 1992

ONCE

PAZ

100 pts.

**1 Miércoles
Junio 94'**

SERIE 021   **88566**

JUEGOS DE AZAR
En España, como en otros países, se juega mucho con la esperanza de enriquecerse sin esfuerzo. Hay muchos juegos oficiales: la lotería, los ciegos o el cupón, la primitiva, las quinielas,
aparte de casinos, máquinas, tómbolas.

I. LECTURA: DINERO FACIL. JUEGOS Y LOTERIA.

UN "VICIO ARRAIGADO" DE 175 AÑOS

Las *Cortes* de Cádiz no sólo elaboraron la primera Constitución española, sino que, además, aprobaron, sin un solo voto en contra, el proyecto de lotería de billetes que les presentara Ciriaco González de Carvajal como "un medio de aumentar los ingresos del *erario* público sin quebranto de los *contribuyentes*".

El primer *sorteo* español tuvo lugar el 4 de marzo de 1812. Se cumplen ahora, por tanto, 175 años de aquella *puesta de largo*, y el Organismo Nacional de Loterías y *Apuestas* del Estado va a celebrar el aniversario, como es lógico, con un sorteo extraordinario en la ciudad de Cádiz. En aquella ocasión los billetes costaban dos pesos fuertes y el primer premio era de 8.000 pesos. De un cilindro de madera, en el que se habían introducido 20.000 cédulas con otros tantos números, salió el primer *gordo* de la lotería española: el 9.606.

De entonces acá se han celebrado nada menos que 5.839 sorteos, por lo que aquellas pretensiones de González Carvajal de aumentar los ingresos del erario público parece que han sido bien *atendidas*. Y ello pese a que no siempre ha estado bien visto ese *juego de azar*. Baste un ejemplo: *la inefable* enciclopedia Espasa, en su edición de 1916, definía la lotería como "vicio arraigado" y *abogaba* por su inmediata abolición.

El País, 1 de marzo 1987

UN MILLON DE ESPAÑOLES SON ADICTOS A LOS JUEGOS DE AZAR

La adicción a las "tragaperras" y al juego en general avanza alarmantemente y ha "enganchado" ya a un millón de españoles, según un estudio del Instituto Español para la Atención a los Juegos de Azar, dedicado a la investigación, prevención y tratamiento de las ludopatías.

El estudio estima que sólo en la Comunidad de Madrid existe una población susceptible de atención terapéutica por el problema del juego de unas 40.000 personas. Los juegos considerados más peligrosos son las máquinas "tragaperras", el bingo y los casinos "por la inmediatez de la respuesta de obtener los resultados de la apuesta, la accesibilidad a los mismos, y la posibilidad de modificar el resultado".

La adicción tiene como protagonista-tipo a una persona entre 41 y 45 años, casada, con estudios primarios-medios, nivel económico medio -alrededor de dos millones de pesetas anuales-, vendedor, trabajador autónomo o ama de casa. Estos individuos son, a menudo, "abiertos, extrovertidos, enérgicos y «grandes gastadores», pero existen casos en los que presentan signos aparentes de estrés, ansiedad y depresión".

Según el informe, la adicción a los juegos de azar -alteración más frecuente entre los hombres- causa una fuerte dependencia psíquica, suele estar acompañada de trastornos de la personalidad, alejamiento familiar y problemas económicos, sociales y laborales e, incluso, puede conducir a intentos de suicidio, asociación con grupos ilegales, delitos no violentos y encarcelamiento.

El Independiente, 2 de noviembre 1990

A. ¿Quién lo sabe?

Cortes de Cádiz
Enciclopedia Espasa
Comunidad de Madrid

B. Vocabulario del juego. Use en una frase las palabras siguientes. Busque otras relacionadas.

Adición	Casino	Gastador	Lotería
Apuesta	Cédula	Ingreso	Ludopatía
Billete	Enganchar	Juego de azar	Sorteo
Bingo	Erario	Jugador	Tragaperras

C. Complete con expresiones apropiadas del texto.

1. La lotería es un medio de aumentar los ingresos públicos sin ----------- ------ ---- -------------.
2. El primer sorteo español ----------- ----------------- el 4 de marzo de 1812.
3. Se cumplen ahora 175 años de aquella --------------- ------- -----------------.
4. El aniversario se va a celebrar con un ----------------- ---------------------.
5. En Madrid hay una gran población susceptible de -------------------- -------------.
6. Los juegos más peligrosos son las ----------- -------------, el ----------- y los --------- -----.
7. La adición tiene como ------------- -------------- a una persona entre 41 y 45 años.
8. El juego puede conducir a ----------------- -------- --------------------.

D. Explique estas expresiones y relaciónelas con la lectura.

1. Tocarle a uno la lotería.
2. Poderoso caballero es don dinero.
3. Poner en juego.
4. Perder hasta la camisa.
5. Echar la partida.
6. Jugar a las quinielas.
7. Afortunado en el juego, desgraciado en amores.

E. **Temas para conversar**

1. ¿Quiénes juegan más, los ricos o los pobres?
2. ¿Es la lotería un bien? ¿Para quién? ¿Es un vicio?
3. Si se suprimieran los juegos, ¿habría jugadores?
4. Discuta este dicho: la mejor lotería es el trabajo.
5. Describa a un ludópata. ¿Conoce alguno?
6. ¿Ha estado en un casino o en un bingo? ¿Los ha visto en el cine? ¿Cómo son?
7. ¿Qué haría si le tocara la lotería?
8. ¿Existe el dinero fácil?

F. **Comentario especial.**

1. Diferencias de *azar* y *azahar*.
2. Señale los significados de *gordo*.
3. ¿Ha oído hablar de un *gastador* en un desfile?

II. GRAMATICA: SER Y ESTAR. USOS ATRIBUTIVOS

USOS ATRIBUTIVOS

1. Se llaman así aquellos usos en que SER o ESTAR van seguidos directamente por un sustantivo, un adjetivo, un infinitivo, un pronombre.

2. SER es el verbo obligado cuando el atributo es un sustantivo, un infinitivo, la construcción LO + ADJETIVO y un pronombre: *Juan es médico.- La amistad es lo mejor del mundo.- Es un decir.- La casa es mía.*

3. Cuando un sustantivo se construye con ESTAR cambia de significado: *estar pez* = ignorar un tema.- *Estar mosca* = enfadado.- *Estar trompa* = borracho. A veces el sustantivo se introduce mediante COMO: *está como un tren* = muy bien físicamente.- *Estar como una cabra* = loco.

4. Cabe el empleo de ESTAR con sustantivos en expresiones exclamativas sin cambio de significado: *!Qué mozo estás!.- !No estás tú mala pájara!.- !Buen médico estás tú!.*

5. Con los pronombres numerales se usa ESTAR para enfatizar lo locativo: *el Madrid está primero en la liga.- Sólo estábamos cinco en el concierto.*

6. Se emplea de preferencia SER con adjetivos de clasificación, esto es, nacionalidad, religión, partidos políticos, escuelas, especie, orden, sentido físico: *Los emigrantes eran cubanos.- Soy cristiano y tú eres ateo.- Su poesía era horaciana.- Sus metáforas son visuales.*

7. Con ESTAR algunos de estos adjetivos indican no una clasificación, sino un comportamiento: *estar francés* quiere decir actuar, vestirse, pensar como un francés. Caso extremo es *estar católico* = bien de salud.

8. SER es el verbo preferido por los adjetivos acabados en -DOR, -ANTE, -OSO, -BLE, -ORIO: *su influencia fue destructora.- La sentencia era absolutoria.- Es notorio que no sabe economía.*

9. Sin embargo, algunos adjetivos del apartado anterior se han hecho de uso muy frecuente y admiten SER y ESTAR: *la sopa está abominable.- Esta chica está muy dominante.*

10. Los adjetivos cualitativos toman SER cuando se perciben como definitorios del sujeto y ESTAR cuando se perciben bajo una condición de temporalidad, énfasis o relieve: *el cielo es azul* vs. *el cielo está azul.- Este señor es muy viejo* vs. *este señor está muy viejo.* Aquí se incluyen todos los adjetivos de forma, color, aspecto, cualidades.

11. Esta regla general requiere algunas matizaciones. CLARO y OSCURO, cuando se refieren a la comprensión de un asunto, prefieren ESTAR; pero también pueden llevar SER sin diferencia semántica: *este asunto está muy oscuro* vs. *este asunto es muy oscuro.*

12. ALTO y BAJO con ESTAR indican, además del tamaño, posición social, cosa que no pueden hacer con SER: *está muy alto para mis posibilidades.*

13. Los adjetivos de color con ESTAR sufren diversas modificaciones: VERDE = no maduro (*las uvas están verdes*); NEGRO = enfadado (*está negro por lo que le han hecho*). Con referencia al semáforo, cada vez es más corriente la expresión *está rojo, verde, amarillo* en vez de *está en rojo, en verde, en amarillo.*

14. Con los adjetivos de cualidades, ESTAR enfatiza la conducta frente a SER que es definitorio: *es egoísta* vs. *está egoísta*. ORGULLOSO con ESTAR indica actitud estimativa: *están muy orgullosos de su acción*. BUENO y MALO con ESTAR se refieren a la salud o a la apariencia física: *me alegro que estés tan bueno y robusto.- Estas chicas están muy buenas*. La segunda expresión es vulgar.

15. Los adjetivos de estado se construyen preferentemente con ESTAR. Tal es el caso de los adjetivos de estado físico como *sano, ciego, vivo, muerto*; de estado civil como *casado, soltero, viudo*, y condición anímica como *alegre, feliz, aburrido*: *hacía dos horas que estaba muerto.- No voy: estoy enfermo.- Esas chicas están aburridas*.

16. La misma norma siguen los participios pasados usados adjetivamente, no en pasiva: *Elenita estaba muy cansada*.

17. Con estos adjetivos y participios SER introduce modificaciones en el significado para acomodarlo a un contenido definitorio: VIVO = despierto (*ese chico es muy vivo*); MANCO = tonto, en forma negativa (*Irene no era manca y sabía cuando la engañaban*). Pero no siempre el cambio es tan extremo. Normalmente se trata de un mero cambio de énfasis: *está cojo* vs. *es cojo*. De hecho, con los adjetivos de estado civil no parece haber diferencia: *es casado* vs. *está casado*. SER se prefiere en situaciones neutras.

18. Los adjetivos de tiempo, norma y obligación prefieren SER. Tales son *eterno, crónico, contemporáneo, normal, anormal, aberrante, necesario*: *su poder era absoluto.- El examen final es necesario.- Su hambre era crónica*. Recuérdese que *viejo* y *joven* se consideran cualitativos, no de tiempo. Algunos adjetivos de norma admiten ESTAR para indicar una conducta aparente: *hoy estás absurdo*.

19. Los adjetivos de medida llevan SER: *el vestido es ancho*. Con ESTAR, acompañado usualmente de un pronombre indirecto, comunican a éste el significado de sentar, caer: *el vestido te está ancho*.

20. Los adjetivos de espacio, carencia y abundancia prefieren ESTAR: *el campesino está muy cercano a la tierra.- Ese día estará vacío para mí.- Las cumbres están llenas de nieve*.

21. Algunos de uso más general admiten SER o ESTAR: *eres / estás libre.- Es / está huérfano*. Como arcaísmo se explica la expresión *llena eres de gracia* del "Ave María".

EJERCICIOS

Use una forma correcta de *ser* o *estar*. Si ambos verbos son posibles, discuta la diferencia de significado.

1. Date prisa. El semáforo -------------- amarillo.
2. No comas esas peras: --------------muy verdes.
3. ¡Vaya faena me han hecho! ------------- negro.
4. Aquí el cielo siempre ---------- azul; pero hoy --------- gris. Va a llover.
5. Mi papá ----------- viejo; pero para sus años ----------- muy joven.
6. Dime, ¿------------ ella hermosa todavía? Claro, siempre lo había ------------.
7. Las endrinas ----------- ácidas; pero éstas ------------- muy dulces.
8. ¡Qué ácidas -------------------- estas uvas!

9. A pesar de que ese color --------- muy sucio, la alfombra -------- muy limpia.
10. Uno se lava no porque ------------ limpio sino porque ------------ sucio.
11. No aspires a ese cargo: ------------ muy alto para ti.
12. El profesor ---------- muy desagradable; pero hoy ------------- muy simpático.
13. Claro ---------------- que no corre prisa.
14. Aunque -------------- claras, esas aguas ---------------- contaminadas.
15. Se dice que los españoles ----------- muy orgullosos y yo ---------- orgulloso de serlo.
16. No paré, aunque el semáforo ------------ rojo. Me multaron.
17. El pan ----------- tierno, recién hecho.
18. Esas frutas ------------ muy apetitosas, aunque ----------- muy amargas.
19. El vino que nos dieron en la comida -------------- agrio.
20. Si piensas aprobar sin estudiar, -------------- listo.
21. Ese nunca paga en las rondas: -------------- muy agarrado.
22. Mi hijo con lo grande que --------, aún ---------- muy agarrado a su mamá.
23. ¡Qué vivo ------------- ese chico! Todo lo sabe.
24. Si ---------------- tan listo como dices, adivina este problema.
25. Necesitamos gente que aprenda rápida y ----------- despierta.
26. No salgo más con ella: -------------- aburrida y tonta.
27. Sí; el hombre ----------- loco; pero ----------------- tranquilo.
28. Hay qué ver qué desenvuelta ------------- Claudia.
29. Ya sé lo que te pasa: -------------- borracho.
30. !Pobre hombre! -------------- ciego y no ve que le engañan.
31. El pobre hombre ------------- casado; la colombiana aún ----------- soltera.
32. Te regalo mi traje: me ----------- corto.
33. A eso no me gana: tampoco yo -------------- manco.
34. Si todavía ------------- vivo, ---------------- de milagro.
35. No me gustan las jovencitas: -------------- vacías y superficiales.
36. Los bares ----------- vacíos: todos se han ido al fútbol.
37. Te concedieron el divorcio: ya ------------- libre; pero ¿----------- contento?
38. Ese chocolate ----------- muy rico; pero -------------- algo pesado.
39. España aún ---------- barata para el turista; pero la ropa ---------- muy cara ahora.
40. Mi casa ----------- cercana a la playa.
41. Dios -------------- eterno.
42. Aquella tertulia -------------- muy heterogénea.
43. Esas situaciones ---------------- análogas.
44. El vaso ------------- lleno hasta rebosar.
45. Todo ----------- igual que lo dejaste.
46. Lo que dices ------------- sólo un suponer.
47. No comentar nada -------------- lo discreto en ese caso.
48. Tu amor -------------- el mejor regalo que me puedes hacer.
49. Con una cerveza ya ---------------- trompa esa chica.
50. Nuestro profesor de historia ------------- como un cencerro.
51. Eso --------------- conducir y no lo que tú haces.
52. Esa artista -------------- cañón.
53. Mi hijo ------------- primero de su promoción.
54. Esos dos --------------- uña y carne.
55. Me examino mañana y ---------------- totalmente pez.

56. Mi marido ----------- mosca porque llegué tarde ayer.
57. !Qué mujer -------------- ya! No te conocía.
58. La herida no ------------ nada.
59. !Buen par de majaderos ---------------- vosotros!
60. Ese piso ------------------ nuestro.
61. Mi equipo de fútbol ------------------ el último en la tabla.
62. ¿Estás segura? Lo ------------------, desde luego.
63. Algo me hizo daño. No ------------- muy católico hoy.
64. No puede ----------- ella; hoy ----------- muy femenina.
65. Muy socialista ----------- tú. ¿Te han dado un cargo en la administración?
66. Mis sensaciones ------------ táctiles más que visuales.
67. Cállate, por favor, -------------- insoportable.
68. No ----------- lo mejor que se puede comprar, pero ------------ aceptable.
69. El hombre ----------- más carnívoro que herbívoro.
70. Ultimamente los españoles ------------------- muy franceses.
71. María -------------- muy amable; pero hoy ----------- intratable.
72. La pampa ---------------- masculina.
73. Esa actitud ------------- recomendable.
74. No sé si será el calor, pero este chico --------------- muy cargante.
75. El ruido de ese ventilador ------------------ inaudible.
76. Todos esos pintores ------------------ un tiempo cubistas.
77. La lentitud de la burocracia -------------- desesperante.
78. Lo que hizo ---------------- asombroso.
79. La comida de ese restaurante ----------- abominable; pero hoy ----------- pasable.
80. No hay quien convenza a tu jefe: ---------------- muy recalcitrante.

Explique lo usos de *ser* y *estar* en este texto.

De mi niñez no son precisamente buenos recuerdos los que guardo. Mi padre se llamaba Esteban Duarte Diniz y era portugués, cuarentón cuando yo niño, y alto y gordo como un monte...Era áspero y brusco y no toleraba que se le contradijese en nada... Mi madre, al revés que mi padre, no era gruesa, aunque andaba muy bien de estatura; era larga y chupada y no tenía aspecto de buena salud, sino que por el contrario, tenía la tez cetrina y las mejillas hondas y toda la presencia de estar tísica o de no andarle muy lejos; era también desabrida y violenta.

Mi casa estaba fuera del pueblo... Era estrecha y de un solo piso. En realidad, lo único de la casa que se podía ver era la cocina; cierto es que el suelo era de tierra... El hogar era amplio y despejado... Teníamos un reloj despertador colgado de la pared, que no es por nada, siempre funcionó como Dios manda, y un acerico de peluche colorado del que estaban clavados unos bonitos alfileres. El mobiliario de la cocina era tan escaso como sencillo... En la cocina se estaba bien; era cómoda, y en el verano, como no la encendíamos, se estaba fresco sentado sobre la piedra del hogar cuando, a la caída de la tarde, abríamos las puertas de par en par; en invierno se estaba caliente con las brasas... La cuadra era lo peor; era lóbrega y oscura, y en sus paredes estaba empapado el mismo olor a bestia muerta que desprendía el despeñadero.

CAMILO JOSÉ CELA, *La familia de Pascual Duarte*

III. REPASO: ALGO, NADA, TODO

Complete las frases con alguien, nadie, algo, nada, todo, alguno, ninguno:

1.   No ha venido -------------.
2.   Ella no dijo ------------- de eso
3.   Tiene --------------- de dinero.
4.   No he visto a -------------.
5.   No he visto -------------.
6.   --------------- llama a la puerta.
7.   No tengo ----------------- que decirle.
8.   ¿Has comido ----------------?
9.   ¿Has oído a ----------------?
10. ¿---------------- ha visto al profesor?
11. No quiero hablar con -------------.
12. A -------------- le gusta que hablen mal de él.
13. Ayer no estuve con ---------------.
14. Ofrécenos ---------------- de beber.
15. Nunca he visto ------------- parecido.
16. ¿En qué piensa? En --------------.
17. ¿Desean -------------- los señores?
18. No puedo decirte ------------- más.
19. Pili nunca está contenta con -------------.
20. Hay --------------- en ti que no me gusta.
21. Es mejor no decirle --------------.
22. ¿Tiene --------------- para la tos?
23. Sólo gano 55.000 pts. al mes, pero menos es -------------.
24. Siempre se cree que es ---------- importante, pero en realidad es un don ----------
     -------.
25. No fue al funeral -------------.
26. Ese premio no lo ha obtenido escritor -------------.
27. Lo saben ----------------.
28. ---------------- la noche la pasa estudiando.
29. --------------- día de fiesta lo pasa durmiendo.
30. --------------- ciudadano debe cumplir la ley.
31. No es -------------- caro.
32. Esa chica tiene ------------- de especial.
33. El chiste no tiene ------------- de gracia.
34. Su hijo es ------------- tonto.

IV.　CABOS SUELTOS: TECNICISMOS

Los tecnicismos se forman de tres maneras: 1) adaptando una palabra existente a una nueva función: *ordenador*, que   ordena = calculador electrónico; 2) manteniendo la palabra original. Es el caso de muchas palabras inglesas como *dumping, bite, chip*, o en el deporte *fútbol, penalty*; 3) acudiendo a formantes grecolatinos: *termómetro*. Este es el procedimiento más tradicional y universal de la ciencia.

Forme palabras con los siguientes formantes griegos:

1.　AEREO = aire
2.　ANEMO = viento
3.　ANFI = a ambos lados, alrededor
4.　BARO = pesado
5.　BIO = vida
6.　CEFALO = cabeza
7.　CROMO = color
8.　DEMO = pueblo
9.　ENTERO = intestino
10.　ETIO = causa
11.　GLOS = lengua
12.　IDIO = propio
13.　LEUCO = blanco
14.　MICRO = pequeño
15.　ORO = montaña
16.　SEMA = señal, significado

Busque palabras técnicas del inglés adaptadas al español.

7

CALLEJEANDO
Al español y al hispanoamericano les gusta la calle, pasear, ver gente, charlar con los amigos.
La Plaza Mayor de Salamanca, construída en el siglo XVIII, pasa por ser la más bella plaza de
España.

I. LECTURA: CALLEJEANDO

"Me llamo Rosario Fernández, y tengo treinta y cuatro años, y le digo a usted que en las cárceles hay droga. Vamos, hay *caballo*, heroina, para entendernos, que me parece que todo el mundo sabe lo que quiere decir caballo. Vamos digo yo..."

"Yo no estoy aquí para ofender a nadie... para *chivarme*, ni para nada...; yo estoy aquí contándole la historia, para que se sepa que mi marido Carlos se murió del SIDA a los cuarenta y cinco años en la cárcel de Lérida, y los médicos me lo *ocultaron* y me lo siguen ocultando... Porque yo misma, los compañeros de *chabolo* de mi marido, quiero decir *la celda*, y mis dos hijos están o pueden estar infectados del SIDA..."

"Y murió a los dos años de empezar *a ponerse malo*. Lo primero fue que le diagnosticaron sífilis, hepatitis y tuberculosis, neumonía..., lo que le entra a los enfermos del SIDA, que es un virus que te destruye las defensas del organismo y te entran todas las enfermedades, todas. Te da fiebre continua, diarreas, *se te cae el pelo*, se te *descama* la cara y no levantas cabeza. Ya vas a la tumba. ¿Sabe usted que yo a lo peor tengo también el SIDA? Bueno, he ido a hacerme los análisis hace quince días y mañana o pasado me dan los resultados. Estoy que no puedo más".

"¿Qué...? ¿Que por qué hago esto...? Pues por él, sí, por él, que no se merecía esta *muerte de perro*, y por todos los presos que pueden estar como él... No, ya no le quería y, sin embargo, él volvió a mí, claro, era lo único que tenía... No, nunca le faltó de nada, dinero, comida, ropa limpia, mariscos..., una *cazadora* de cuarenta mil pesetas que le compré... No le faltó de nada... ¿Que cómo conseguía yo el dinero...?".

"!Qué más da...! !Buscándome la vida...!, así lo conseguía, que yo tengo dos hijos que alimentar... Mire, yo he hecho de todo, he *estafado*, he *sirlado*, he..., bueno, qué importa mi vida, es como la de cualquiera, la que me correspondía por haberme casado con él; si me hubiera casado con otro, pues hubiera sido diferente, ya sabe usted, yo he sido de todo, pero tengo una hija de trece años, *muy puesta*, muy formal, usted me comprende, yo he sido como cualquier chica del barrio donde nací, ya lo ve".

JUAN MADRID, *Cambio 16*, 9 febrero 1987

A. ¿Quién lo sabe?

Sida
Lérida
Sirlar

B. Vocabulario de la calle. Use en una frase las palabras siguientes. Busque otras relacionadas.

Buscarse la vida   Chica muy puesta
Caballo   Estafar
Cárcel   Chabolo
Celda   Heroína
Chica de barrio   Preso

C. Complete con modismos o expresiones apropiadas del texto.

1. Yo no estoy aquí para chivarme ni ------------------   ------------------.
2. Murió a los dos años de empezar a ------------------   ------------------.
3. Te da fiebre, diarreas y ----------   ------------   ----------   ----------   ----------.
4. ¿Sabe que, -------------   ------------   ------------, también tengo sida?
5. Lo hago por él, porque no se merece esta --------------   --------   ----------------.
6. ¿Que cómo conseguí el dinero? ¡----------------   -------   ------------!
7. He ido a hacerme los ---------------- y mañana me darán los --------------------.
8. El sida es un virus que te destruye todas ----------   ------------   ----   ----------.

D. Explique estas expresiones y relaciónelas con el texto.

1. Andar con el mono.
2. No tener donde caerse muerto.
3. Hacer la calle.
4. La droga mata, el tabaco ata.
5. Estar a la que salte.

E. Temas para conversar.

1. ¿Cómo se imagina a la mujer que habla en el texto?
2. Droga y cárcel.
3. ¿Por qué ocultan los médicos el sida de Carlos?
4. Describa el ambiente de la calle.
5. El sida. Síntomas.
6. ¿Qué espera Rosario para su hija?
7. ¿Cómo solucionaría usted los problemas de la prostitución?
8. ¿Qué haría usted por un enfermo como Carlos?

F. Comentario especial.

1 -Relacione *droga* con *droguería*.
2 -Si caballo significa heroína, ¿qué significa *camello*?
3 -Busque palabras relacionadas con *descamar*.

II. GRAMATICA: SER Y ESTAR. USOS DIVERSOS

VALORES BASICOS

1. *Ser* indica existencia; *estar*, lugar: *todo lo que es está bien por que es.- La casa está a la otra orilla del río.*

2. *Ser* significa ocurrir en el tiempo, tener lugar: *la sesión es a puerta cerrada.- Eso fue la noche de San Juan.* En la expresión SER + DE + NOMBRE/PRONOMBRE se expresa la suerte o destino: *¿Qué será de nosotros?.- Nunca se supo qué fue de Juan.*

3. *Ser* puede invadir el terreno de *estar* para indicar lugar, enfatizando un cierto carácter existencial: *¡Ahí es!, dijo el taxista.- Eso es donde Cristo dio las tres voces.* No siempre *estar* puede reemplazar a *ser* en tales casos: *¿Dónde has estado?- Por ahí- ¿Y dónde es por ahí?*

4. *Ser* puede tener un valor deíctico: *¿Es a mí?. No, es a aquel señor.* También un valor explicativo: *Si lo consigue, será con suerte.*

5. Estar indica presencia o ausencia, permanencia en un lugar, tener algo listo: *Te llamé y no estabas.- Estaremos aquí quince días.- Ya está la cena.*

PRECIO Y TIEMPO

6. Se pregunta por el precio de un artículo concreto mediante *¿a cuánto está?, ¿a cómo está?,* y por el precio global mediante *¿cuánto es?.* En la respuesta entran estar y ser respectivamente: *la merluza está a mil pesetas.- El billete a Madrid es dos mil pesetas.*

7. Con *estar* se indica la temperatura y la situación: *estamos a cuarenta grados.- El barco estaba a 35 grados este.*

8. La pregunta *¿a qué estamos?* se responde con *estar a* seguido del día de la semana o del numeral del mes sin artículo: *estamos a veinte de mayo.- Estamos a jueves* A la pregunta *¿en qué estamos?* se responde con *estar en* seguido del día de la semana sin artículo o de la estación del año con o sin artículo: *estamos en jueves.- Estamos en (la) primavera.*

9. A la pregunta *¿qué es hoy?* se responde con el día de la semana sin artículo o el día del mes y la estación con o sin artículo: *es jueves.- Es (el) invierno. - Es (el) siete de enero.* Cuando se quiere dar a *ser* el significado de ocurrir, se pone obligatoriamente un artículo al día de la semana y del mes: *Su santo es el 6 de noviembre.- Eso fue el lunes.*

10. Con *ser por* se indica un tiempo aproximado: *sería por la mañana.- Fue por abril cuando la conocí.* Con adverbios de tiempo y equivalentes se usa *ser. es tarde.- Era de madrugada.*

USOS PREPOSICIONALES

11. SER PARA indica finalidad: *las flores son para ti.* También conveniencia y uso: *andar de chateo no es para mí.* La fórmula SER PARA + INFINITIVO es ponderativa: *es para no volverle a hablar.*
ESTAR PARA también indica finalidad: *los empleados están aquí para ayudar.* ESTAR PARA + INFINITIVO significa que algo está a punto de ocurrir: *el tren está para llegar.- No está para llover.*

12. SER CON, SER SIN indica una manera de ser del sujeto: *es sin botones, con una cremallera.* A veces SER CON expresa compañía: *ahora soy con usted.* Es uso arcaico, como en el "Ave María": *El Señor es contigo.*
ESTAR CON, ESTAR SIN tienen varios valores. Condición del sujeto: *está con una cara muy larga.- Está sin imaginación.* Carencia o posesión: *está sin un céntimo.- Está con mucho dinero.* Compañía: *estoy con mi mamá.* Padecer o no una enfermedad: *estoy con gripe.*
ESTAR CON puede significar trabajar en algo: *estoy con la geografía.* Eufemísticamente, tener relaciones sexuales: *nunca estuvo con un hombre.*

13. SER DE señala origen posesión, materia, clase, conveniencia, filiación, carácter: *es de la Rioja.- Es de oro.- Es de los nuestros.- Eso no es de personas civilizadas.- Es de pocas palabras y de mucho comer.*
SER DE + INFINITIVO equivale a SER + ADJETIVO EN -BLE: *es de esperar que venga.*
ESTAR DE indica desempeño de un cargo, estado del sujeto, representación: *estuvo de gobernador en Málaga.- Teresa está de mal humor.- En esa foto está de marinero.*

14. ESTAR POR + INFINITIVO indica que algo no se ha hecho aún: *la casa está por barrer.* También intención: *estoy por no ir.* ESTAR POR indica preferencia: *estoy por esa solución.*

15. ESTAR EN significa consistir: *la gracia está en eso.* Asimismo opinión y precio: *estoy en que no me sale bien.- El cuadro está en dos millones.*

USOS CON ADVERBIOS

16. Los adverbios de modo admiten *ser* y *estar*. Con *ser*, se define; con *estar* se señala un estado o apariencia: *¿Cómo es San Sebastián?.- No se puede hacer nada: él es así.- ¿Cómo estás?.- No está así siempre.*

17. Con BIEN y MAL no se usa *ser*. *Estar* indica salud, conveniencia, aspecto, resultado, cualidad: *no está mal la chica.- El presidente está mal.- El baile estuvo bien.*

18. Con MEJOR y PEOR, *ser* es obligado si sigue una frase nominal: *es mejor que vayas.* En otros casos, *ser* indica modo; *estar*, salud, estado: *es mejor así.- El enfermo está mejor.- La mesa está peor con ese florero.*

19. En tercera persona ESTAR BIEN significa !basta!: *está bien. Déjame.* En otros casos puede indicar tener bastante o hallarse en mala situación: *estamos bien de aceite.- !Estamos bien, ahora sin luz!.*
    ESTARLE BIEN equivale a sentar bien; su opuesto es ESTARLE MAL: *me estuvo mal la cena.* ESTARLE BIEN también puede significar que algo ha ocurrido a alguien justamente: *le está bien por tonto.*

20. Los adverbios de cantidad se construyen preferentemente con *ser*: *eso es mucho para mí.* Aparece estar con un sentido de situación: *ellos están menos que nosotros.*
    SER MAS, SER MENOS indica categoría social: *nadie es más que yo.*

EJERCICIOS

Use una forma correcta de ser o estar.

1. Fray Luis de León habla de los pocos hombres sabios que en el mundo han ----------.
2. El concierto -------------- en el parque anoche.
3. ¿Cuándo se convencerán de ello? Eso no ---------- nunca.
4. Lo que ha ------------ no puede no haber --------------.
5. Nunca se supo qué ----------- de aquel estudiante tan listo.
6. ¿Qué ------------ de sus hijos cuando muera ella?
7. El juicio ------------- ayer y ------------ a puerta cerrada.
8. El problema ---------- con ese pesado de Juan.
9. ¿----------- a mí? No, ----------- a ese señor de negro.
10. La alusión no ---------- a ella, sino a toda la clase.
11. Eso sólo ----------- si yo quiero, entérate.
12. ------------- a vosotros a los que hablo
13. A lo mejor --------------- a él; pero no se da por enterado.
14. Y el cuento comienza:------------ que se ------------.
15. Si se lo dan, -------------- por enchufe, no por méritos.
16. Habrá ----------- por la prisa por lo que no lo habrán hecho.
17. La manera de conseguirlo ------------- batiendo bien la clara.
18. ¡Hola! ¿--------------- Claudia?. No, ha salido.

19. ¡Vamos! Ya -------------- el taxi.
20. ¿---------------- mi camisa? La necesito ahora mismo.
21. No te puedo olvidar, -------------- dentro de mi piel.
22. ¿Cuántos días vais a --------------- en Laredo?
23. ¿Quiénes ----------------- en la fiesta de anoche?
24. ¡Ya -----------! Encontré la respuesta.
25. ¿Dónde has ----------?. Por ahí. ¿Y dónde --------- por ahí?
26. Sé que ----------- aquí cerca; pero no me oriento bien.
27. No te preocupes. Ellos no saben dónde ---------------.
28. ----------------- dentro de ti donde está tu verdad.
29. ----------------- allí donde lo encontrarás.
30. ¿A cómo ------------- las fresas este año?
31. De Madrid a París ------------- siete mil pesetas en tren.
32. En la Antártida siempre ----------------- bajo cero.
33. Cuando se hundió, el barco -------------- a 20 grados oeste.
34. ¿Cuánto ----------- todo eso? --------------- veinte mil pesetas.
35. Bancos -------------------- a cien enteros.
36. Ya -------------- a treinta de junio. Mañana, vacaciones.
37. ----------------- viernes y aún no he acabado la lección.
38. --------------- las dos de la tarde y aún no ha vuelto. ¿Qué -------------?
39. Su cumpleaños ------------ el 15 de febrero.
40. -------------- a lunes; ------------ el dos del mes.
41. ¡Qué tarde ----------! Me voy corriendo.
42. ---------------- por el fin del otoño cuando reñimos.
43. ---------------- de madrugada cuando lo asesinaron.
44. Ya no sé qué día -------- hoy. ---------- a veinte de octubre cuando me detuvieron.
45. No pude verlo bien: ---------------- de noche.
46. La clase -------------- para trabajar, no para hablar.
47. El trasnochar no -------------- para mí.
48. Lo que me ha hecho ------------- como para no volverle a hablar.
49. El es así. No ---------------- para tenerlo en cuenta.
50. Este traje --------------- para llevarlo a la tintorería.
51. Date prisa. El avión -------------- para salir.
52. No creo que -------------- para llover. Podemos ir.
53. ¿Para qué ------------- las escaleras sino ----------- para usarlas.
54. Éste vestido --------------- sin tirantes.
55. ¿Qué ocurre? Tu padre ------------- con una cara que da miedo.
56. No he cobrado y -------------- sin un duro.
57. Tengo examen. ----------------- con las matemáticas.
58. No me molestes. ---------------- con el coche. No me arranca.
59. No voy a trabajar porque -------------- con un gripazo.
60. Sabes que nunca -------------- con una mujer.
61. Se desmayó y ----------------- con los ojos en blanco.
62. Esa chica -------------- de lo que no hay.
63. Ese tipo es muy ambiguo, no ---------------- de fiar.
64. La crueldad no ------------- de bien nacidos.
65. Ese muchacho ------------ de una ingenuidad conmovedora.

66. Mi hijo ---------------- de soldado en Alemania.
67. En esa foto mi mamá -------------- de sirena.
68. No se puede hablar con él. ---------------- de un humor de perros.
69. Tú, charla que te charla y la casa -------------- por barrer.
70. No conozco a nadie allí. ---------------- por no ir.
71. Todos nosotros ------------ en que es así.
72. Cualquier Picasso ------------------ en cinco millones.
73. Lo que has dicho ---------------- muy mal.
74. Mi padre ------------------ peor cada día.
75. Lo despidieron y le -------------- bien por tonto.
76. ---------------- bien, te lo diré ya que insistes.
77. No lo aguanto más !Ya -------------- bien!
78. ---------------- mejor así, ya no sufrirá más.
79. ¡Cómo --------------------! Nunca pensé que hicieras eso.
80. Si se han comprado un Mercedes, yo no voy a -------------- menos.
81. ¡Vaya chica! No -------------- nada mal.
82. Nadie ------------ más ni menos que nadie.
83. Este color te ---------------- muy bien.
84. Este calor ---------------- demasiado para mí. No lo aguanto.

Explique los usos de ser y estar en este texto.

Nos gustaba la casa... Nos habituamos Irene y yo a vivir solos, lo que era una locura porque en esa casa podían vivir ocho personas... A veces llegamos a creer que era ella la que no nos dejó casarnos... Irene era una chica nacida para no molestar a nadie... Irene no era así. Tejía siempre cosas necesarias... Era gracioso ver en la canastilla el montón de lana encrespada.

Pero es de la casa que me interesa hablar... Me pregunto qué hubiera hecho Irene sin el tejido. Uno puede releer un libro; pero cuando un pullover está terminado no se puede repetirlo sin escándalo. Un día encontré el cajón de abajo de la cómoda lleno de pañoletas. Estaban con neftalina, apiladas como en una mercería.

Lo recordaré siempre con claridad porque fue simple y sin circunstancias inútiles. Irene estaba tejiendo en su dormitorio, eran las ocho de la noche... cuando escuché algo en el comedor. El sonido venía impreciso y sordo... Me tiré contra la puerta antes de que fuera demasiado tarde, la cerré de golpe; felizmente la llave estaba puesta... Fui a la cocina, calenté la pavita y cuando estuve de vuelta con la bandeja del mate dije a Irene: han tomado la parte del fondo.

    – ¿Estás seguro?

    Asentí...

Los primeros días nos pareció penoso porque ambos habíamos dejado en la parte tomada muchas cosas que queríamos... Con frecuencia cerrábamos algún cajón de la cómoda y nos mirábamos con tristeza: no está aquí. Y era una cosa más de las que habíamos perdido. Pero también tuvimos ventajas... Irene estaba contenta porque le quedaba más tiempo para tejer...

Aparte de eso todo estaba callado en la casa... De día eran los rumores domésticos... Pero cuando tornábamos a los dormitorios entonces la casa se ponía callada... Yo creo que era por eso que de noche, cuando Irene se ponía a soñar en alta voz, me desvelaba enseguida.

Es casi repetir lo mismo salvo las consecuencias... Nos quedamos escuchando los ruidos, notando claramente que eran de este lado de la puerta... Estábamos con lo puesto. Me acordé de los quince mil pesos en el armario de mi dormitorio. Ya era tarde ahora. Como me quedaba el reloj de pulsera, vi que eran las once de la noche... Antes de alejarnos, tuve lástima, cerré bien la puerta de entrada y tiré la llave a la alcantarilla, no fuese que a algún pobre diablo se le ocurriera robar a esa hora y con la casa tomada.

JULIO CORTÁZAR, *Bestiario*

III. REPASO: Y, PERO, SINO, SI NO

Descubra en las siguientes expresiones los valores específicos de PERO e Y.

1. Se lo dije y como si nada.
2. ¿Y qué me cuentas?
3. Te pago eso y tan amigos.
4. Y si no vienes, ¿qué?
5. Lo tiene delante y ni se entera.
6. Se lo plantan y nacen berzas.
7. ¿Y qué? / ¿Y bien?
8. Pero, bueno ¿qué pasa?
9. Pero, por favor, no se quede ahí.
10. Eres pero que muy malo.
11. Pobre, pero honrada.
12. No hay pero que valga.
13. Pero si no digo nada.

Ponga SI NO, SINO, PERO donde haga falta:

1. ----------------- llegas antes de las dos, comeremos.
2. La culpa no es tuya, ----------------- de tus padres.
3. ----------------- estudias, no aprobarás.
4. Eso se hacía antes, -------------- ahora las costumbres han cambiado.
5. ¿Qué podía hacer el acusado -------------- defenderse?
6. Me enfadaré ----------------- vienes.
7. No fui al teatro, -------------- no me arrepiento.
8. ----------------- riegas el césped, se secará.
9. El alumno es inteligente, ------------- le falta aplicación.
10. Abrígate bien, ---------------- cogerás un resfriado.
11. No era Juan -------------- su hermano, ---------- me engaño.
12. No tenemos ganas de juerga, --------------- de tranquilidad.
13. Lo dije, -------------- nadie me creyó.
14. ¿Qué puedo hacer ----------------- confiar.
15. ¿Qué piensas hacer esta noche -------------- sales con nosotros?
16. Es difícil, ------------------- no imposible.
17. No puedo seguir explicando ----------------- se callan.
18. No sólo no puedo, ----------------- que no quiero dártelo.
19. Me hubiera gustado quedarme unos días más, ---------- se me acabó el dinero.
20. Así no conseguirá nada ------------- que lo echen del trabajo.
21. No fue Velázquez --------- Goya quien pintó "La maja desnuda".
22. Eso no sólo no es un obstáculo ------------ una ventaja.
23. España no es el sitio mejor del mundo ---------- no me arrepiento de haber venido.
24. No hace falta estudiar todo el día, ---------- un par de horas al día.
25. No escribe español, ----------------- lo habla.
26. No derrocharía tanto dinero ---------------- fuera rico.

27. No es usted a quien me refiero, ------------- a su hermano.
28. Hablo inglés -------------- no muy bien.
29. ------------ me dijo usted que volvería este año a Salamanca.
30. Lamento tener que decirlo, ------------- ustedes trabajan poco.
31. No me gusta trabajar, -------------- no me queda más remedio.
32. Podéis salir un rato, -------------- no hagáis ruido.
33. Es rico, ------------- no tanto como cree la gente.
34. -------------- tienes dinero, no vayas al cine.
35. Con esa actitud no te darán ------------- lo que ellos quieran.

IV.   CABOS SUELTOS: SINONIMOS PARCIALES

Explique la diferencia entre las palabras siguientes que tienen una parte común y otra distinta. Uselas en una proposición.

1. Copa / vaso.
2. Bote / lata.
3. Frasco / botella.
4. Supermercado / almacén.
5. Bolso / bolsa.
6. Bar / café / taberna.
7. Hotel / fonda / pensión.
8. Sensible / sensato.
9. Grosero / vulgar.
10. Originario / original.
11. Pelo / cabello.
12. Amar / querer.
13. Alquiler / renta.
14. Cicatero / ahorrativo.
15. Antipatía / odio.
16. Censura / crítica.
17. Pared / muro.
18. Tocar / palpar.
19. Cariño / afecto.
20. Simple / sencillo.

Complete los espacios con una de estas palabras: ocultar, eclipsar, cubrir, esconder.

1. Julia ----------- la rabia que le produce el suspenso con una sonrisa.
2. Los terroristas ----------------- las armas en zulos.
3. La fama del hijo ------------- a la del padre.
4. Las señoras no podían entrar en la iglesia sin ----------- la cabeza con una mantilla.
5. Al encontrase en la Sala del Juzgado, los acusados se ------------- mutuamente de insultos.
6. Si no quieres pasar frío, ------------ con esa manta.
7. A Petra le han ---------------- la muerte de su hijo.
8. Durante el asalto, la policía les ---------------- la espalda.
9. El ladrón se ------------ en el bosque cercano.
10. La luna se -------------- al interponerse la sombra de la tierra.

Complete ahora con declarar, confesar, revelar, exponer.

1. Los testigos -------------- a favor del acusado.
2. El acusado ---------------- su crimen.
3. El espía --------------- donde tenía ocultos los documentos robados.
4. El director --------------- con claridad los planes futuros de la empresa.
5. El Jefe del Gobierno ------------ a los informadores que subirían los impuestos.
6. Por --------------- su condición de casado no quisieron darle trabajo.

Complete con posible, probable, creíble, admisible, verosímil.

1. No es -------------- que se haya gastado ya todo el dinero que le di.
2. Es -------------- que mañana llueva.
3. El argumento de esta novela me parece -------------. A mí me han sucedido cosas parecidas.
4. Su testimonio le pareció ------------------ a la policía.
5. Su forma de actuar no es ------------------.
6. No me parecen -------------------- las estadísticas sobre la economía.
7. El nunca miente. Por eso las razones que aduce nos parecen -------------.
8. No es ------------------ que se deje convencer tan fácilmente por vosotros.

8

MARGINADOS
Entre los muchos tipos de marginados, destacan los ancianos solitarios que llevan una vida de aislamiento y abandono junto a los símbolos de la sociedad moderna como el coche.

I. LECTURA: MARGINADOS

Citaré en primer término el caso de los gitanos. Constituyen un colectivo marginado en todos los países europeos, en diferente grado. En España han existido *reglamentos* y órdenes expresamente *elaboradas* contra ellos y en *el medio* rural se les ha observado siempre con *recelo*; rara es *la finca rústica* donde no hayan existido o existen varias escopetas y perros cuya finalidad real no manifiesta ha sido *ahuyentar* a los gitanos. El *desmedido amor* a la caza del habitante del medio rural ha tenido siempre una finalidad *latente* de seguridad contra los *intrusos*, y más específicamente contra estos colectivos nómadas, *trashumantes* y viajeros.

En el momento actual *la eclosión* del capitalismo ha acabado con *la trashumancia* preindustrial. El moderno sistema adscribe los trabajadores a la ciudad con tanta fuerza y pareja eficacia como la antigua adscribía *los siervos* a *la gleba*. Los colectivos gitanos han sido afectados también por este hecho y buscan desesperadamente su *ubicación* especial e incluso *laboral* en la ciudad. Y los viejos fantasmas de la incomprensión se levantan de nuevo. Esta vez no son rechazados *a escopetazo limpio*, sino con *sentadas, plantes, amenazas* y "razones de tipo técnico"; son los viejos prejuicios *agrarios* con las formas más *racionales* de la nueva configuración social.

Otro tipo de marginación es la de los pobres. La pobreza humana ha revivido también con tanta fuerza como en el llamado Siglo de Oro. *Buscavidas, mendigos, pedigüeños, ganapanes, pelones, raídos* y *pordioseros* han poblado nuestras ciudades con más fuerza aún que los canarios hicieron en Venezuela. Aparecen nuevas formas de *mendicidad* más o menos *encubierta*, *abrecoches*, músicos *de pasillo del metro, lavaparabrisas* y toda una nueva *grey* de vendedores de servilletas, *kleenex* o preservativos mientras esperamos que se ponga verde *el disco* o compramos el periódico.

Hay otros tipos de marginación, como la sexual protagonizada por *lesbianas* y *homosexuales*. Es bien conocida la tradicional marginación de estos colectivos en todas partes, y España no ha constituido una excepción. A pesar de la legislación de asociaciones de una u otra *índole*, la marginación es evidente. Por otra parte hay que señalar cómo *la prostitución callejera* ejercida por homosexuales y *trasvestidos*, así como recientes casos desafortunados, no están contribuyendo a crear un clima de aceptación de estos grupos marginales, aunque probablemente no tan minoritarios como se suele suponer.

No agoto aquí el tema de la marginación. Podría continuarse casi hasta el infinito citando colectivos que -en una u otra medida- se siente marginados en la España actual: *inmigrantes, refugiados* políticos, *delincuentes*, intelectuales no orgánicos, etc. El problema fundamental es la creciente conciencia de automarginación que tenemos muchos españoles. Hay un *desasosiego* persistente en el sentido de estar marginados respecto de Europa; hay una creciente conciencia de marginalidad respecto a decisiones que nos afectan vitalmente y que se toman en otras latitudes con frecuencia cada vez mayor. Tenemos todos una clara conciencia de ser un colectivo marginal; ello podría explicar el persistente etnocentrismo de las culturas peninsulares. Tanto es así que el título del presente artículo adquiere todo su vigor: *en poco tiempo* hemos pasado de *periféricos* a marginales; si ello es bueno o malo, el tiempo se *encargará de decirlo.*

JUAN SALCEDO, *Anuario de El País*, 1984

A. ¿Quién lo sabe?

Siglo de Oro.
Siervos de la gleba.
Canario.

B. Vocabulario de la marginación. Use en una frase las palabras siguientes. Busque otras relacionadas.

Abrecoches	Intruso	Periférico
Buscavidas	Lavaparabrisas	Pordiosero
Delincuente	Mendicidad	Prostitución
Desamparo	Mendigo	Refugiado
Ganapanes	Pedigüeño	Trashumante
Inmigración	Pelón	Travestido

C. Complete con expresiones apropiadas del texto.

1. A los gitanos se les recibía en los --------- ------------ a ----------- ---------.
2. La ------------ del capitalismo ha acabado con la ----------- ----------.
3. Hoy los gitanos son rechazados con ------------, ---------- y -------------.
4. Han aparecido nuevas formas de mendicidad como los músicos de ----------- ----- ------------- y toda una nueva ------------ ----- --------- ----- --------.
5. A pesar de la legislación de asociaciones de -------- u -------- --------- , la marginación es evidente.
6. Podrían citarse --------------- ------- ---------------- colectivos marginados.
7. En -------------- ----------------- hemos pasado de ----------- a -----------------.
8. Si ello es bueno o malo, el tiempo se --------------- de --------------------.

D. **Explique estas expresiones y relaciónelas con el tema de la lectura.**

    1. Vivir al día.
    2. Ir tirando.
    3. Pasarlas moradas.
    4. Ser de la acera de enfrente.
    5. El mendigo no tiene amigos.

E. **Temas para conversar.**

    1. ¿Por qué se margina a ciertos grupos?
    2. ¿Qué imagen se tenía de los gitanos?
    3. ¿Qué intentan hacer hoy los gitanos?
    4. Formas de ganarse la vida en la gran ciudad.
    5. Marginación sexual: homosexualidad, travestidos, prostitutas.
    6. Casos de marginación política o racial. ¿Xenofobia?
    7. ¿Qué remedios se le ocurren a la marginación?

F. **Comentario especial.**

    1. Observe cómo se forman estos nombres: *buscavidas, ganapanes.* Forme   otros.
    2. Diferencie *nómada / trashumante, mendigo / pordiosero.*
    3. *Segregación, marginación, rechazo*: explique estas palabras.

II. GRAMATICA: VERBOS ATRIBUTIVOS

1. Son verbos relacionados con SER y ESTAR. Introducen un atributo del sujeto o del complemento directo: *la chica se puso colorada.- Lleva los zapatos rotos*. El atributo debe concordar con el sujeto o el complemento del que depende: *el pobre se volvió loco.- Ella se confesó autora del crimen*. Denotan tres valores básicos, DEVENIR, PERMANENCIA, APARIENCIA, y dentro de ellos diversos matices.

2. El DEVENIR o adquisición de lo atribuido se expresa con los siguientes verbos:

   DEVENIR PERMANENTE:
   Sujeto: Quedar/quedarse = *se quedó viuda.- Quedó ciego*.
   Complemento: Dejar = *lo han dejado tuerto de una pedrada*.

   DEVENIR FORTUITO, TEMPERAMENTAL:
   Sujeto: Ponerse = *Mariona se puso colorada*.
   Complemento: Poner = *el vino los puso alegres*.

   DEVENIR COMO RESULTADO VOLUNTARIO:
   Sujeto: hacerse = *luego se hizo comunista*.
   Complemento: hacer = *hicieron papa a Gregorio*.

   DEVENIR COMO TRANSFORMACION:
   Sujeto: Volverse = *este vino se ha vuelto vinagre*.
   Complemento: Volver = *los años vuelven serenas a las personas*.

   DEVENIR COMO FIN DE PROCESO:
   Sujeto: Acabar, Terminar = *así hubiera acabado loco.- Terminaron todos borrachos*.
   Hay otros verbos que se usan ocasionalmente para expresar algunos de los matices anteriores: *llegar a, meterse/meterse a, elegir, nombrar, dar como, dar por*. El más importante es CAER, que implica esfuerzo y casualidad a la vez: *cayó herido; cayó enfermo; cayó prisionero*. Pero, acompañado de un pronombre indirecto, significa resultar: *ese actor me cae simpático*.

3. La PERMANENCIA o duración de la nota atribuida se expresa con varios verbos:

   SUJETO:
   Introducen atributo del sujeto ciertos verbos que equivalen a *estar* y pueden ser sustituidos por él.
   ANDAR: *anduvo triste un tiempo*. Exteriorización, indeterminación.
   IR: *va muy enfadado*. Exteriorización. Con pronombre personal indirecto equivale a *sentar: el sombrero le va perfecto*.
   PERMANECER: *permanece mucho tiempo callado*. También PERSISTIR.
   VENIR: *el invierno viene duro*. Existencia, anticipación.

COMPLEMENTO DIRECTO:
Introduce atributo del complemento directo, unas veces sin preposición, otras con ella, el verbo TENER = *tiene los ojos azules .- Tengo al presidente de amigo.- Os tienen por ladrones.- Tenía la boca de fresa.*

SUJETO y COMPLEMENTO:
Finalmente, varios verbos pueden introducir atributos de uno y otro según se usen reflexivamente o no:
HALLAR, y como él su sinónimo ENCONTRAR:

    sujeto = *me hallo muy violento con ella.*
    complemento = *la hallaron muerta.*

LLEVAR:

    sujeto = *llevo unos días deprimido.*
    Complemento = *llevaba los zapatos sucios.*

Algunos de los verbos mencionados pueden llevar una preposición antes del atributo: *ahora anda de taxista.- Va de tonto por la vida.- Llevamos tres años de novios.*

4.   La APARIENCIA se expresa mediante numerosos verbos. Se dan aquí los fundamentales de los cuales hay naturalmente muchos sinónimos.

SUJETO:
PARECER: *esa chica parece un poco perdida.*
APARECER: *mi infancia me aparece confusa.*
SALIR: *si nos habrá salido chirle.* Matiz fortuito.
RESULTAR: *esa actitud me resulta estúpida.*
CONFESARSE: *se confesó autor del crimen.*
PASAR POR: *se hizo pasar por mexicano.*

SUJETO y COMPLEMENTO:
La mayoría de los verbos siguientes pueden introducir atributo de uno y otro según sean o no reflexivos.

PRESENTAR:

    sujeto = *se presentó como autor del libro.*
    complemento = *presentó a la chica como su mujer.*

VER:

    sujeto = *se vio muy cansado.*
    complemento = *te veo muy vieja.*

SENTIR:

    sujeto = *me siento enfermo.*complemento = *siempre te he sentido leal y sincero.*

LLAMAR:

    sujeto = me llamo Juan.
    complemento = lo llamaron tonto.

Cabe añadir *imaginar, creer, pensar, tomar por, querer por, decir* y otros muchos.

EJERCICIOS

Complete la proposición con el verbo atributivo que crea apropiado al contexto:

1. El alumno -------------------- nervioso en el examen.
2. El dolor -------------------- insoportable.
3. Pedro -------------------- loco.
4. Me -------------------- por su conducta.
5. Mi hermano ------------------- abogado en tres años.
6. Esa tesis -------------------- superada.
7. Sonia --------------------- el vestido manchado.
8. Mi novia --------------------- monja de repente.
9. Juan --------------------- rojo de ira ante el ataque verbal.
10. Goya --------------------- el pintor moderno más importante.
11. Todos -------------------- cansados en la excursión.
12. En pocos meses Cela ------------------- el autor más leído der España.
13. Los Tercios Españoles ----------------- vencidos en Rocroi.
14. Su padre ----------------- Jefe de Gobierno.
15. Lo insultaron y lo ----------------- imbécil.
16. Llévame al hospital, ------------------ enfermo.
17, Niños, a lavaros. --------------------- la cara sucia de chocolate.
18. Ese vestido le ----------------------- maravilloso.
19. Con todo lo que estudió, ahora él ----------------- de cobrador de recibos.
20. Ese profesor nos ------------------ muy simpático.
21. Tan serio que parecía y al fin nos ------------------ rana.
22. Cuando recuerdo mi pasado, se me ------------------ triste y confuso.
23. Los niños ------------------ cojo al perro de una pedrada.
24. Poco después de casarse, María --------------------- viuda.
25. La Navidad ------------------ tristes a muchas personas.
26. Por sus méritos pronto lo ----------------- jefe de servicio.
27. Todos los higos se -------------- blandos con el toqueteo.
28. No me extraña que el pobre -------------- perturbado con tantos problemas.
29. Fueron de excursión y todos ---------------- enfermos con diarrea.
30. La gente -------------- como segura la victoria del Real Madrid.
31. No importa lo que hagáis, siempre os ---------------- por chapuceros.
32. Ese --------------------- por ahí despistado.
33. Parece que este invierno ------------------- suave. No hace frío.
34. El reo ---------------- autor de seis asesinatos.
35. El ministro -------------------- imperturbable ante las críticas.
36. ¿No ves que ------------------ el bolso abierto?
37. Los viejos con la edad ------------------- quisquillosos.
38. No se lo dijo porque no ----------------- oportuna la ocasión.
39. En la mili lo ---------------- por inútil los médicos.
40. La actriz ---------------- muy segura de sí misma.
41. No tengo ni un céntimo, -------------------- más pobre que una rata.
42. El ladrón se hizo -------------------- por pariente suyo.
43. El director -------------------- a ese tipo como un genio.

44. Con tanta fiesta la noche -------------------- divertida.
45. Ella ---------------------- los ojos dulces y la boca de fresa.

Identifique en este texto los verbos atributivos y explique su significado.

Sí, siete años. Y como ya estamos en noviembre, llevo ahora siete años y un mes de franciscano. Sin embargo aún no me siento un buen fraile. ¿Debería, Señor, colgar este sayal?... Acobardado, sólo quiero el albergue donde mejor reposa el corazón y más denso se hace el sueño.

Fray Rufino me tiene habituado a este regalo matinal. Se siente unido a mí como a nadie en el convento, porque ambos permanecemos sin recibir las órdenes religiosas. Nos quedamos diáconos... Quiero andar, llevar pegada a mis sandalias tierra oscura y esponjada... De pronto he abierto los ojos y he visto a mi lado al hermano Juan. Traía el cántaro de greda lleno de agua.

¡Qué niña es! !Y qué bien se veía, tan clara, tan diáfana, de pie tras la baranda!... Yo le dije: la injusticia y la traición nos hacen malos; pero con el favor de Dios, el dolor se torna placer de fortaleza... Y hablamos, hablamos. Quedé muy contento.

Domingo. Misa de once. La nave central está llena de fieles... He avanzado unos pasos apenas cuando veo a María Mercedes. Ha venido con su madre, la señora Justina. Visten ambas de negro. La niña me parece así más seria, casi triste. ¡Qué bien se conserva la señora Justina! De pronto la señora me divisa. Se ha turbado, se ha puesto roja... ¡Qué raro es todo esto!... Podrían comprender lo solo que me han dejado.

Fray Rufino está perdiendo la cabeza, creo yo... Lo han visto las mujeres y se le han acercado a rodearlo... Pues, señor, él se ha soltado entonces a correr, llorando, hecho un loco. Hasta que ha llegado ahí y se ha puesto de rodillas..., para mí, ya le digo, no anda bien del juicio. También yo recuerdo ahora que esta tarde parecía lleno de contrariedad y tristeza. Resulta bien extraño todo esto.

Unicamente yo permanezco aislado en mi celda que ya empieza la noche a llenar. Espero un día, Señor, aquél que me habrás acogido mi sacrificio y me habrás hecho al fin un buen fraile menor.

EDUARDO BARRIOS, *El hermano asno*

III. REPASO: USOS DE *LO*

Recuerde que LO tiene varias funciones que pueden resumirse así:

1. Se refiere a lo anterior como una totalidad: *dicen que no viene.- Ya lo sabía.*
2. Con *ser* y *estar* remite al atributo anterior, cualquiera que sea su género o número: *¿es tonta? Lo es.-¿Son inteligentes? Lo son.*
3. Acompaña a TODO si este es complemento directo: *lo sé todo.- Todo lo saben.*
4. Sustantiva al adjetivo masculino singular: *me gusta lo amargo.*
5. Sustantiva al pronombre posesivo masculino singular: *lo mío, mío; lo tuyo, nuestro.*
6. Intensifica o pondera con LO + ADJETIVO + QUE y DE LO + ADJETIVO: *no ignora lo tonto que es.- Es de lo mejor que hay.*
7. LO DE, LO QUE equivale a el asunto, el problema: *lo de María no está fácil.- Lo que me cuentas es difícil de creer.*
8. A LO, a la manera de, tiene una contraparte A LA: *a lo bonzo.- a la francesa.*

Sustituya la cursiva total o parcialmente por LO o una expresión con LO. Haga los cambios necesarios en la proposición:

1. No me dijo que venía. Pues a mí me dijo *que venía.*
2. Tú ya sabías que era un jugador y yo que ignoraba *que era un jugador.*
3. ¿Han hecho lo que les dije? Ya hemos hecho *lo que nos dijo.*
4. ¿Está usted dormido? Sí, estoy *dormido.*
5. ¿Son ustedes aplicados? No somos *aplicados.*
6. *Vuestro negocio* no marcha bien.
7. No te imaginas *qué inteligente es ella.*
8. Señores, este café es de *la mejor calidad.*
9.   Las cosas que pasan son increíbles.
10. Al médico no le gusta nada *la enfermedad* de Luisa.
11. *Las cosas dulces* son malas para los dientes.
12. *El asunto* del coche de Juan es de difícil solución.
13. Se despidió *como los franceses.*
14. Se suicidó *como un samurai.*
15. Se comporta *como un inglés.*
16. Domina *todos los asuntos.*
17. No conoces ni la mitad de *las trampas* que hizo.
18. No creas nada de *las noticias* que te dijo.

IV. CABOS SUELTOS: HISTORIETA

Comente estas historietas de Mafalda sobre *educación* y *enseñanza*.

9

CASTILLA
Aunque Castilla se ha modernizado mucho, aún pueden verse paisajes como éste: pueblos presididos por la iglesia, rebaños de ovejas. (Cortesía de Turespaña).

I. LECTURA: EL PAISAJE DE CASTILLA

Por cualquier costa que se penetre en la Península española, empieza el terreno a mostrarse al poco trecho accidentado; se entra luego en el intrincamiento de valles, gargantas, hoces y encañadas, y se llega, por fin, subiendo más o menos, a la meseta central, cruzada por peladas sierras que forman las grandes cuencas de sus grandes ríos. En esta meseta se extiende Castilla, el país de los Castillos.

Como todas las grandes masas de tierra, se calienta e irradia su calor antes que el mar y las costas que ésta refresca y templa, más pronta en recibirlo y en emitirlo más pronta. De aquí resulta un extremado calor cuando el sol la tuesta, un frío extremado en cuanto la abandona; unos días veraniegos y ardientes, seguidos de noches frescas, en que tragan con deleite los pulmones la brisa terral; noches invernales heladas en cuanto cae el sol brillante y frío, que en su breve carrera diurna no logra templar el día. Los inviernos, largos y duros, y los estíos, breves y ardorosos, han dado ocasión al dicho de "nueve meses de invierno y tres de infierno". En la otoñada, sin embargo, se halla respiro en un ambiente sereno y plácido.

En este clima extremado por ambos extremos, donde tan violentamente se pasa del calor al frío y de la sequía al aguaducho, ha inventado el hombre en la capa, que le aísla del ambiente, una atmósfera personal, regularmente constante en medio de las oscilaciones exteriores, defensa contra el frío y contra el calor a la vez.

Los grandes aguaceros y nevadas descargando en sus tierras y precipitándose desde ellas por los empinados ríos, han ido desollando siglo tras siglo el terreno de la meseta, y las sequías que los siguen han impedido que una vegetación fresca y potente retengan en su maraña la tierra mollar del acarreo. Así es que se ofrecen a la vista campos ardientes, escuetos y dilatados, sin fronda y sin arroyos, campos en que una lluvia torrencial de luz dibuja sombras espesas en deslumbrantes claros, ahogando los matices intermedios. El paisaje se presenta recortado, perfilado, sin ambiente casi, en aire transparente y sutil.

Recórrense a las veces leguas y más leguas desiertas sin divisar apenas más que la llanura inacabable donde verdea el trigo o amarillea el rastrojo, alguna procesión monótona y grave de pardas encinas, de verde severo y perenne, que pasan lentamente espaciadas, o de tristes pinos que levantan sus cabezas uniformes. De cuando en cuando, a la orilla de algún pobre regato medio seco o de un río claro, unos pocos álamos, que en la soledad infinita adquieren vida intensa y profunda.

De ordinario anuncian estos álamos al hombre; hay por allí algún pueblo, tendido en la llanura al sol, tostado por éste y curtido por el hielo, de adobes muy a menudo, dibujando en el azul del cielo la silueta de su campanario. En el fondo se ve muchas veces el espinazo de la sierra, y al acercarse a ella, montañas redondas en forma de borona, verdes y frescas, cuajadas de arbolado, donde salpican al vencido helecho la flor amarilla de la argoma y la roja del brezo. Son estribaciones de huesosas y descarnadas peñas erizadas de riscos, colinas recortadas que ponen al desnudo las capas del terreno resquebrajado de sed, cubiertas cuando más de pobres hierbas, donde sólo levantan cabeza el cardo rudo y la retama desnuda y olorosa, la *ginestra contenta dei deserti* que cantó Leopardi.

¡Qué hermosura la de una puesta de sol en estas solemnes soledades! Se hincha al tocar el horizonte, como si quisiera gozar de más tierra y se hunde, dejando polvo de oro en el cielo y en la tierra sangre de luz. Va luego blanqueando la bóveda infinita, se oscurece de prisa, y cae encima, tras fugitivo crepúsculo, una noche profunda, en que tiritan las estrellas. No son los atardeceres dulces, lánguidos y largos del Septentrión.

¡Ancha es Castilla! ¡Y qué hermosa la tristeza reposada de ese mar petrificado y lleno de cielo! Es un paisaje uniforme y monótono en sus contrastes de luz y sombra, en sus tintas disociadas y pobres en matices. Las tierras se presentan como en inmensa plancha de mosaico de pobrísima variedad, sobre la que se extiende el azul intensísimo del cielo. Faltan suaves transiciones, ni hay otra continuidad armónica que la de la llanura inmensa y el azul compacto que la cubre e ilumina.

No despierta este paisaje sentimientos voluptuosos de alegría de vivir, ni sugiere sensaciones de comodidad y holgura concupiscibles; no es un campo verde y graso en que dan ganas de revolcarse, ni hay repliegues de tierra que llamen como un nido. Nos desase más bien del pobre suelo, envolviéndonos en el cielo puro, desnudo y uniforme. No hay aquí comunión con la Naturaleza, ni nos absorbe ésta en sus espléndidas exuberancias; es, si cabe decirlo, más que panteístico, un paisaje monoteístico este campo infinito en que, sin perderse, se achica el hombre, y en que se siente en medio de la sequía de los campos sequedades del alma.

MIGUEL DE UNAMUNO, En torno al casticismo [1895]

A. **¿Quién lo sabe?**

Miguel de Unamuno
Castilla
Leopardi

B. **Vocabulario del paisaje. Use en una frase las palabras siguientes. Busque otras relacionadas.**

Aguacero	Cuenca	Llanura	Regato
Aguaducho	Encañada	Meseta	Risco
Alamo	Espinazo	Otoñada	Sequía
Amarillear	Estío	Pelado	Sierra
Arroyo	Garganta	Pino	Tostar
Colina	Hoz	Refrescar	Verdear

C. **Complete con expresiones apropiada del texto.**

1. Por cualquier costa que se penetre, empieza el terreno a mostrarse ------------- ----
------------ ---------------- accidentado.
2. Los inviernos largos y los estíos breves han dado lugar al dicho "-------------- -----
-------- ------- ------------ y ----------- ----- ------------".
3. Los grandes aguaceros y las nevadas han ido desollando -------------- ----------- el
terreno.
4. Recórrense a las veces ------------- ------- ---------- --------- desiertas.
5. De ------------ ------- ----------, a la orilla de algún pobre regato, hay unos pocos
álamos.
6. Hay por allí algún pueblo, de adobes -------- ------ ---------- dibujando en el azul
del cielo ------- ------ ------ ------------------.
7. Son colinas recortadas que --------- --------- ---------- las capas del terreno.
8. Cae encima una noche profunda en que --------------- ---------- ----------------.

D. **Explique estas expresiones y relaciónelas con la lectura.**

1. Tierra de cantos y de santos.
2. ¡Ancha es Castilla!
3. Castellano de pro.
4. Tierras de pan llevar.
5. Año de nieves, año de bienes.

E. **Temas para conversar.**

1. Castilla, país de los castillos.
2. ¿Qué estaciones menciona el autor? ¿Cómo las describe? ¿Cuál falta y por qué?
3. Un pueblo castellano. ¿Dónde está? ¿Cómo es?
4. El paisaje. Recuerde: montes, llanuras, ríos. ¿Y la vegetación?
5. Compare el paisaje de Castilla con el de su país.
6. ¿Qué hay de especial en los atardeceres en Castilla?
7. ¿Qué es un paisaje triste?
8. Efectos del paisaje en el espíritu. Aplíquelos al hombre castellano.

F. **Comentario especial**

1. Explique *desollar*. ¿Cómo usa Unamuno esta palabra?
2. Indique las diversas notaciones de color como *verde severo*.
3. La *capa*, vestimenta típica de España. ¿Qué más puede ser?

II. GRAMATICA: USOS DE SE. VERBOS REFLEXIVOS

USOS PRONOMINALES DE SE

1. SE tiene varios usos en castellano, unos como pronombre, otros como indicador de ciertas funciones gramaticales.

2. SE = LE, LES cuando les sigue inmediatamente LO, LA, LOS, LAS: *se lo dije.- Se las envié.* Recuerde que, para claridad, cabe añadir A EL, A ELLA, A ELLOS, A ELLAS.

3. SE reflexivo. Corresponde a la tercera persona de singular y plural de los pronombres reflexivos. Como otros pronombres reflexivos puede funcionar como objeto: *Inmaculada se peina.* Pero también como indirecto. En este caso tiene todos los valores de éste: *se come una chuleta.- Se lava la cara.- Se guarda la cartera.*

4. SE recíproco. Corresponde a la tercera persona del plural: *Juan y Mary se escriben.* No hay reciprocidad en singular. Cuando hay ambigüedad se añade ENTRE SI, UNO + PREPOSICION + OTRO, MUTUAMENTE: *se quieren uno al otro.- Se visitan mutuamente.*

5. SE impersonal. Equivale a UNO, LA GENTE. Es muy frecuente con expresiones como *se dice, se observa, se supone, se ve.* Y por supuesto siempre que se quiere generalizar: *se vive bien en Estados Unidos.- Se trabaja mucho aquí.- Se come bien en este sitio.- Al aire libre se duerme mejor.*

   Un caso particular ocurre cuando, para evitar ambigüedad dentro de ciertas construcciones pasivas, se hace preceder al sujeto de un A personal convirtiéndolo en complemento: *se ama mucho a los perros aquí.- En esta universidad se trata bien a los empleados.*

   Cuando el verbo implicado es un verbo reflexivo propio, hay que usar UNO: *uno se arrepiente luego de haberlo hecho.*

   Todas estas construcciones pueden reemplazarse por un verbo en plural: *viven bien aquí.- Dicen que va a ver guerra.- Tratan bien a los empleados.*

USOS NO PRONOMINALES DE SE

6. SE, signo de involuntariedad. El sujeto suele ser no personal o, al menos, no tratado como tal: *se quemó la casa.- Se rompió el vaso.- Se pinchó la rueda*. Se puede introducir un complemento indirecto para indicar el agente involuntario: *a Pedro se le perdió el carné* en vez de *Pedro perdió el carné*. De ahí: *se me olvidaron las llaves.- Se os rompieron los platos.*

   Como caso particular de este SE de involuntariedad, cabe explicar el que aparece con ciertos fenómenos naturales: *el sol se pone.- La niebla se levanta.- La luz se apaga.- Se va el agua.*

7. SE, signo de pasiva. Sólo se usa en las terceras personas. El verbo concuerda con el sujeto: *se venden sillas.- Se inauguró la iluminación*. A veces aparece un agente: *se aprobó la propuesta por todos los presentes.*

   Cada vez se extiende más el uso de esta pasiva sólo en singular: *se vende botellas*. En realidad, se trata de una contaminación con el SE impersonal.

VERBOS REFLEXIVOS

8. Hay dos clases de verbos reflexivos, los propios y los accidentales. Los primeros son siempre reflexivos; los segundos no lo son, pero se usan ocasionalmente como tales.

   A. Entre los reflexivos propios se cuentan: *abstenerse, antojarse, arrepentirse, bifurcarse, condolerse, contonearse, desentenderse, dignarse, ensimismarse, fugarse, jactarse, obstinarse, personarse, querellarse, suicidarse, ufanarse, vanagloriarse*. La mayoría rige una preposición: *quejarse de, ponerse en.*

   B. Los reflexivos accidentales están formados por verbos transitivos que pueden funcionar como reflexivos. Entre ellos se suelen distinguir tres grupos:

   a) los que no cambian de régimen ni de significado al hacerse reflexivos: *acuesto al niño en la cama/me acuesto en la cama*. En este caso se encuentran varios verbos que implican un movimiento físico: *acercar, bajar, levantar, mover, meter, sentar*. Compárese: *siento a los pequeños atrás/nos sentamos atrás.*

   b) los que cambian de régimen, pero no de significado: *alegro a todos con mis bromas/me alegro de que hayas venido*. Tal es el caso de *asombrar/asombrarse de, ajustar/ajustarse a, asustar/asustarse de, entristecer/entristecerse de, enojar/enojarse de, olvidar/olvidarse de.*

   e) los que cambian de régimen y significado: *comprometer la reputación/comprometerse a hacerlo*. Tales son, entre otros: *acordar/acordarse de, comportar/comportarse, burlar/burlarse de.*

   C. No hay verbos intransitivos reflexivos. A veces, ciertos verbos intransitivos de movimiento toman un pronombre reflexivo indirecto y llegan a modificar su significado. Este fenómeno se explica como propio del pronombre indirecto. Compárese *ir/irse, salir/salirse, venir/venirse.*

EJERCICIOS

Responda reemplazando la cursiva por pronombres. Colóquelos correctamente:

1. ¿Escribió *una carta a María*? No,
2. ¿Propuso *un juego a mis amigos*? Sí,
3. ¿Indicaste *el camino a los chicos*? Sí,
4. ¿Dieron *malas notas a Juan*? No,
5. ¿Preguntaste *la dirección a los guardias*? No,
6. ¿Hiciste *esa faena a Pedro*? No,
7. ¿Mandasteis *flores a Inmaculada*? Sí,
8. ¿Solucionaron *el problema al chico*? Sí,
9. ¿Quitaron *el polvo a la mesa*? No,
10. ¿Puso los *frenos al auto*? Sí,

Complete la proposición con un pronombre reflexivo o recíproco:

1. Mi profesor y yo ----------- tuteamos.
2. Todos vosotros --------------- afeitáis.
3. Pedro y María ------------ quieren.
4. Chicos, no ----------- perfuméis tanto.
5. ¿Dónde ------------ arreglas el pelo?
6. Al irse de aquí, continuaron escribiéndo----------.
7. El perro --------- tragó toda la comida.
8. Yo ----------- comí todo el postre.
9. ¿Cuándo ---------- paramos a poner gasolina?
10. Alfredo ---------- pasa de listo.

Transforme las siguientes proposiciones en otras con SE:

1. En Francia beben mucho vino.
2. Dicen que suben los transportes.
3. Aquí venden casas.
4. No quieren que sepan las noticias.
5. En España trabajamos tanto como en otros países.
6. Les enviaremos el pedido mañana.
7. El Papa fue recibido con gran pompa.
8. El alumno hubiera sido aprobado, de responder mejor.
9. Aprecian mucho los productos japoneses.
10. A usted le recordaremos toda la vida.
11. ¿Ha llamado alguien al portero?
12. ¿Han descargado ya el camión?
13. Le harán justicia, señora mía.
14. Las solicitudes son presentadas en secretaría.
15. No me dejaron entrar por menor.

Construya con los siguientes verbos proposiciones que indiquen involuntariedad:

1. Olvidar - el libro.
2. Caer - el retrato.
3. Poner - el sol.
4. Parar - el auto.
5. Ensuciar - la mesa.
6. Hundir - el barco.
7. Calmar - el viento.
8. Marchitar - las flores.
9. Retrasar - el tren.
10. Calar - el motor.
11. Perder - dinero.
12. Doblar - las rodillas.

Use correctamente el verbo en paréntesis:

1. (atrever) Ellos no -------------- a llevarle la contraria.
2. (ir) Nosotros -------------- ahora mismo.
3. (callar) Tú --------------, te digo.
4. (desayunar) Juan ------------- esta mañana café y tostadas. ¿Sí? Pues ahora ------------------- yo con la novedad.
5. (suicidar, arrepentir) Pedro ----------------- y todos ------------ de su comportamiento con él.
6. (salir) El río ---------------------- de madre ayer.
7. (odiar) Los hermanos -------------------- a muerte.
8. (ir) ¿Por dónde ---------------------- a la Plaza Mayor?
9. (acostar, despertar) Aunque su mamá ------------------ a los niños pronto, ellos ----------------- tarde.
10. (licenciar) Al ----------------- de la mili, él -------------- en Derecho.
11. (casar) He oído que vosotros ----------------- el mes que viene.
12. (caer, partir) ¿Cuándo -------------- Luis y -------------- el brazo?
13. (sentar) Alicia -------------------- al lado del gobernador.
14. (dormir) Ese alumno siempre ----------------- en clase.
15. (bañar, poner) Cuando -------------- María, siempre ------------ a cantar.
16. (quedar) Al darle a ella la noticia, ------------------ de piedra.
17. (confesar) El reo no -------------- su crimen, pero ------------ antes de morir.
18. (duchar) Juan ------------------ siempre con agua fría.
19. (mirar, dar cuenta, volver) Al -------------- en el espejo, la actriz ---------------- de que el cabello -------------- cano.
20. (enfadar) Este señor no -------------- por nada; pero ------------ a todos.
21. (ocurrir) Eso sólo --------------- a ti, porque siempre -------------- tales ideas.
22. (dar) Ese profesor -------------------- de gracioso.
23. (besar) Los padres -------------- al hijo y luego ----------------- ellos.
24. (volver) El --------- volvió a mirarlos, girando sobre sus talones pero ellos no ----------------- a dirigirle la palabra.
25. (reir) No ------------------ vosotros de él.

Diga la función de SE en cada proposición:

1. Se le ve el plumero.
2. Se suicidó tirándose por la ventana.
3. Se lo envié ayer.
4. Se le olvidó traerme el regalo.
5. Se alquilan bicicletas.
6. Se comenta que no viene.
7. Se hace lo que se puede.
8. Se guarda el dinero en el bolsillo.
9. Se saludaron fríamente.
10. Se pasea bien en este parque.
11. Se les trata bien a los pobres aquí.
12. Se reventó el neumático.
13. Se murió ayer.
14. Se va el agua del radiador.
15. Se salió el líquido.

Indique los diferentes usos de SE en el texto siguiente.

Levantó las manos en ademán de pegarme; pero se tapó con ellas la cara y salió del cuarto... No se habló en la comida. Tampoco me regañaron por mi falta de apetito. Acabando de comer, suspiró mi madre: se fue derechito al cielo. Era un alma blanca.

Por entre las nubes podía verse la rueda del sol, amarilla...!Qué bueno que se quitó el agua y quiere salir el sol, para ver a gusto cuando saquen el cuerpo!... Se adelantó la corrupción, hinchándose, desfigurándose, horrorosa, no se puede soportar la hediondez.

Era el carro fúnebre que apareció tres calles adelante; a galope, piafando, los caballos llegaron, se colocaron a la cabeza de los coches; los veía con cara de comerse al que se les pusiera cerca, de querer meterse furiosamente a la casa.

Oí, pero no vi cuando el entierro se puso en marcha. Como hacha de carnicería caían sobre mí las palabras: los gusanos, los gusanos se la comerán... La jaqueca otra vez me derrumbó en la cama. Desde allí, cuando se hizo noche, oí a mi madre.

AGUSTÍN YÁÑEZ, *La niña esperanza*

III. REPASO: PRONOMBRES PERSONALES

Señale los casos de leísmo y laísmo y corríjalos adecuadamente:

1. Le vieron en el cine.
2. La mandaron un aviso urgente.
3. Lo dio una bofetada.
4. ¿Y tu hermana? ¿Dónde la puedo encontrar?
5. Los traje el regalo prometido.
6. Les llevó a dar una vuelta por ahí.
7. A esta chica no le puedo ver.
8. Las multaron por ir deprisa
9. Su marido la pegó una patada y fue a la cárcel.

En el siguiente párrafo señale las formas verbales que implican el uso de VOS explícito o implícito. Note la alternativa con TU:

Estos pliegues de la vida, comprendés, tendrías que comprender.
—Pero ¿es que vos creés realmente que él me busca y que yo...?
—El no te busca en absoluto, dijo Traveler soltándola. A Horacio vos le importás un pito. No te ofendas, sé muy bien lo que valés y siempre estaré celoso de todo el mundo cuando te miran o te hablan. Pero aunque Horacio se tirara un lance con vos, incluso en ese caso, aunque me creas loco, yo te repetiría que no le importás y por lo tanto no tengo que preocuparme.

JULIO CORTÁZAR, *Rayuela*

Complete las proposiciones con un pronombre adecuado:

1. A mí no ------------ interesa la política.
2. Al profesor ----------- respetamos mucho.
3. No ha pasado nada entre ------------- y --------------------.
4. A mi mujer ------------- han puesto una multa.
5. La corbata yo no --------- --------- he puesto; --------- --------- ha llevado Juan.
6. Según -------------, el dinero no importa.
7. Estaré con -----------, porque tú siempre has estado -------------.
8. Este profesor habla con ------------ mismo.
9. Excepto ----------- ------------ dos, todos votaron que sí.
10. Lo sé, porque ella estaba sentada detrás de -------------.
11. Se lo dieron a Pedro y a -----------.
12. A vosotros -------------- encanta su forma de hablar.
13. A ellas no ------------ ha dicho nada.
14. A él --------- han detenido, y a ella ----------- han puesto una multa.
15. A ustedes nunca -------------- pasa nada.

Sustituya la cursiva por pronombres. Colóquelos adecuadamente. Resuelva las posibles ambigüedades:

1. Dieron *el paquete a María*.
2. ¿Con quién hablaste? Con *Pedro* y con *María*.
3. El perro llegó *a su amo* con humildad.
4. La postal llegó pronto *a mi madre*.
5. El alumno vio *al profesor* para protestar.
6. El niño fue *a su mamá* con el juguete.
7. El embajador se acercó *al presidente*.
8. Lo dije *a los profesores y a los alumno*s.
9. Sí, señor, vi *a los profesores* peleando.
10. Los viajeros se aproximaron *al tren*.

Construya proposiciones con las expresiones dadas usando un pronombre indirecto:

1. Robar el coche.
2. Arreglar los frenos.
3. Doler el estómago.
4. Comprar una camisa
5. Comer un helado.
6. Afeitar la barba.
7. Comprar un coche a la agencia Ford.
8. Gustar ir de paseo.
9. Ser agradable nadar.
10. Estar prohibido beber.

IV. CABOS SUELTOS: FORMANDO PALABRAS

Derive todos los sustantivos posibles correspondientes a los siguientes verbos:

1.	morder	11.	divertirse
2.	temblar	12.	dar
3.	adquirir	13.	poder
4.	colgar	14.	rejuvenecer
5.	concebir	15.	huir
6.	saber	16.	conducir
7.	recordar	17.	hacer
8.	nacer	18.	caber
9.	pedir	19.	agradecer
10.	gemir	20.	seguir

10

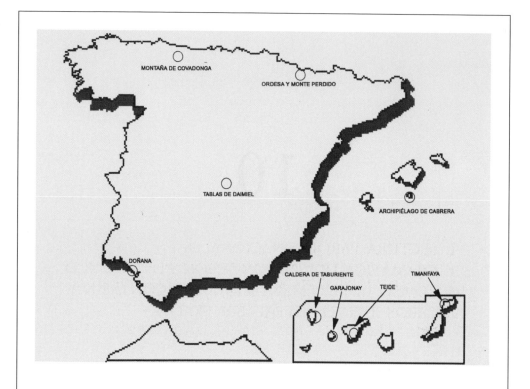

PARQUES NATURALES
La conservación y gestión de los Parques Nacionales corresponde al Ministerio de Agricultura, Pesca y Alimentación a través del Instituto Nacional para la Conservación de la Naturaleza (ICONA). En estos momentos en España hay 9 Parques Nacionales (4 peninsulares y 5 insulares). Se permite la entrada a los mismos, pero con las limitaciones necesarias para preservar sus recursos.

I. LECTURA: PARQUES NACIONALES

Actualmente los responsables de la conservación de la Naturaleza en un país se encuentran con que poseen un conjunto de figuras legales, encaminadas a conservar el medio natural, que no tenían hace unos años. Reservas integrales, monumentos naturales, parques nacionales, parques naturales..., *constituyen una gama muy rica y variada de conceptos que se basan en dos principios fundamentales*: la protección de un medio natural excepcional y su utilización por el hombre. La diferencia en todas estas figuras legales radica en la mayor o menor importancia que se da a uno u otro de estos dos principios básicos.

Sin embargo, la figura más equilibrada es la del parque nacional, ya que por definición ambos principios están compensados. Un parque nacional exige por igual el que se conserve una superficie excepcional desde el punto de vista natural y el que dicha superficie sea visitada con fines científicos, educativos o de esparcimiento. Además exige que esa superficie dependa de la máxima autoridad conservacionista del país.

El parque nacional está, pues, apoyado en un trípode conceptual de indudable importancia que no sólo lo enriquece sino que le da una seguridad y una continuidad. La experiencia nos muestra que después de más de cien años desde la creación del primer parque nacional, el de Yellowstone (U.S.A), en 1872, no sólo éste continúa como *"Parque público para beneficio y satisfacción del pueblo"*, tal y como reza su definición, sino que la idea ha proliferado de tal manera que hoy se puede hablar de una auténtica red mundial de parques nacionales.

España ha sido uno de los primeros países europeos en crear sus parques nacionales. En 1918, Covadonga y Ordesa quedaron constituidos como tales y en 1979, el proyecto de la creación del parque nacional de Garajonay, el noveno de nuestros parques nacionales, está ya en el Congreso para su aprobación. Junto a este proyecto, se encuentran también los proyectos de reclasificación de los demás parques nacionales, algunos de los cuales, como el de Ordesa, ha pasado de apenas 2.000 Ha. a la extensión de más de 15.000 Ha.

La red de parques nacionales españoles puede destribuirse en tres grandes grupos, cada uno de ellos representando un medio natural diferente. LOS PARQUES NACIONALES DE MONTAÑA se localizan en la región septentrional de la Península y están enclavados en las cordilleras principales: la Cantábrica y el Pirineo. Protegen lugares excepcionales desde el punto de vista paisajístico, con grandes masas boscosas y zonas de alta montaña. En ellos se encuentran numerosas especies animales protegidas como la cabra montés pirenaica, el urogallo, el quebrantahuesos, el águila real...

Parque nacional	Nº. de hectáreas	Año de creación	Localización
Aigües Tortes y Lago S. Mauricio	22.396	1955	Lérida
Covadonga	16.925	1918	Oviedo
Ordesa	15.000	1918	Huesca

LOS PARQUES NACIONALES DE ZONAS HUMEDAS se localizan en el centro y sur de la Península. Tienen como misión principal proteger estas zonas más o menos pantanosas que constituyen excepcionales lugares de vida y puntos clave en los largos periplos migradores de las aves. De excepcional importancia es el de Doñana, no sólo por su extensión y situación estratégica, sino también por la fauna que alberga. El lince, el meloncillo, y el ágila imperial, al ser especies únicas en Europa, constituyen algunos de los tesoros zoológicos que encierran.

Parque nacional	Nº. de hectáreas	Año de creación	Localización
Doñana	75.765	1969	Huelva
Tablas de Daimiel	1.812	1973	Ciudad Real

LOS PARQUES NACIONALES INSULARES están situados en el Archipiélago Canario y su conjunto representa un amplio espectro de los valores más significativos de estas islas. Son parques destinados fundamentalmente a proteger una flora excepcional, la macaronésica y unos paisajes volcánicos únicos en su género. Repartidos en cuatro de las principales Islas Canarias, su conjunto constituye un grupo de parques nacionales totalmente diferentes a los peninsulares y con una entidad propia.

Parque nacional	Nº. de hectáreas	Año de creación	Localización
Teide	13.571	1954	Tenerife (Canarias)
Timanfaya	5.107	1974	Lanzarote (id)
Caldera Taburiente	4.690	1954	La Palma (id)
Garajonay	3.974	1979	Gomera (id)

El patrimonio natural español es de los más importantes de Europa. Nuestra obligación es conservarlo para las generaciones que nos sucedan. En la obligación de conservarlo y el derecho a disfrutar de él, radica ese equilibrio en que se basan los parques nacionales y que ha permitido que sean ya una figura histórica y centenaria.

LUIS BLAS ARITIO, *Parques Nacionales españoles*

A. ¿Quién lo sabe?

Yellowstone
Pirineos
Covadonga
Archipiélago Canario

B. Vocabulario ecológico. Use en una frase las palabras siguientes. Busque otras relacionadas.

Alta montaña   Medio natural
Boscoso   Migrador
Conservar   Paisajista
Cordillera   Pantanoso
Esparcimiento   Proteger
Especie   Reclasificación
Fauna   Reservas
Flora   Volcánico
Húmedo   Zona

C. Complete con expresiones apropiadas del texto.

1. Los responsables de la conservación de la naturaleza se encuentran con un ------- ------ ------- ---------------- -----------------------.

2. Reservas, monumentos, parques nacionales constituyen una ---------------- -------- --------------- de conceptos.

3. Los parques de montaña se encuentran en la ---------------------------- de la --------- ----------------.

4. Protegen lugares excepcionales con grandes ----------- --------- y zonas de --------- -- ---------.

5. Los parques de zonas húmedas tienen como misión proteger puntos ----------- en los largos ------- de las aves.

6. Los parques nacionales insulares representan un -------------- -------------------- de los valores más significativos de las islas.

7. Protegen también unas ---------------- -------------- -------------- en su ------------ -----.

8. Nuestra obligación es conservarlos para los -------------- que ---------- ------------ ---------.

D. Explique estas expresiones y relaciónelas con la lectura.

1. Ir de campo
2. Echarse al monte
3. Hacer montañismo
4. Al cabo de los años vuelven las aguas a su cauce
5. Pan para hoy y hambre para mañana

E. **Temas para conversar.**

    1. ¿Qué es un parque natural?
    2. Tipos de parques nacionales naturales en España.
    3. ¿Por qué se debe conservar la naturaleza?
    4. Desarrollo o ecología, campo o ciudad.
    5. Relación entre *paisaje, fauna y flora.*
    6. ¿Es España una nación muy urbanizada o más bien muy natural?
    7. Ciencia, educación y esparcimiento como fines de un parque natural.
    8. ¿Dónde está Doñana? ¿Por qué es importante?

F. **Comentario especial.**

    1. Use en varios contextos la palabra *medio.*
    2. ¿Hay diferencia entre *paisaje* y *naturaleza*?
    3. ¿Qué le sugiere *quebrantahuesos*?
    4. Cabra *montés*, águila *real*, águila *imperial*. Explique el adjetivo.

II. GRAMATICA: DESEO, CONCESION, ADVERTENCIA

DESEO PRESENTE O FUTURO

1. QUE + PRESENTE DE SUBJUNTIVO: *¡que duermas bien!.-!Que no te canses!*

2. ASÍ, OJALÁ QUE + PRESENTE O IMPERFECTO DE SUBJUNTIVO: *¡así sea!.- ¡Ojalá no venga!.- ¡Ojalá que cambiaras!.- ¡Así se hundiera el barco!*

3. NO, NUNCA, JAMÁS + PRESENTE DE SUBJUNTIVO: *¡no sufras lo que yo!.- ¡Nunca te ocurra eso!.- ¡Jamás te veas en otra igual!*

4. NO + IMPERFECTO DE SUBJUNTIVO: *¡no se le volviera veneno la comida!* Nótese que, en este caso, NO equivale a OJALÁ, tiene connotación afirmativa.

5. QUIÉN, SI + IMPERFECTO DE SUBJUNTIVO: *¡si me atreviera a decírselo!.- ¡Quién fuera mariposa!*

DESEO PASADO

6. QUE + PRETERITO PERFECTO DE SUBJUNTIVO: *¡Que lo haya hecho!.- ¡Que no se haya roto nada!.*

7. ASÍ, OJALÁ, OJALÁ QUE + PRETERITO PERFECTO o PLUSCUAMPERFECTO DE SUBJUNTIVO: *¡ojalá haya llegado el tren!.- ¡Ojalá que no hubiera nevado tanto!.- ¡Así se hubiera muerto!.*

8. NUNCA, JAMÁS + IMPERFECTO o PLUSCUAMPERFECTO DE SUBJUNTIVO: *¡nunca lo conociera!.- ¡Jamás lo hubiera dicho!.* Nótese que ambos tiempos son equivalentes. El pluscuamperfecto es más común; el imperfecto, más literario.

9. NO + PLUSCUAMPERFECTO DE SUBJUNTIVO: *¡No se le hubiera pinchado una rueda!* Como § 4, NO equivale a OJALÁ.

10. QUIÉN, SI + PLUSCUAMPERFECTO DE SUBJUNTIVO: *¡quién hubiera estado allí!.- ¡Si lo hubiera hecho entonces!*

NOTAS ESPECIALES

11. En la expresión del deseo, QUE no admite **pluscuamperfecto de subjuntivo**; QUIEN y SI no admiten **presente** ni **perfecto**.

12. ASÍ se usa poco, en ciertas fórmulas y en estilo literario.

13. En estilo enfático, ASÍ, OJALÁ, NO, NUNCA y JAMÁS pueden ir precedidos por QUE: *¡que nunca lo conociera!.- ¡Que ojalá seas feliz!.- ¡Que no sufras mucho!*

14. Existen varias fórmulas de deseo en **presente de subjuntivo**, sobre las cuales se pueden construir otras equivalentes: *¡maldita sea!, ¡sea anatema!, ¡viva España!, ¡que cumplas muchos años!, ¡usted que lo vea!, ¡mueran los gachupines!, ¡que te mejores!, ¡quiera Dios!, ¡Dios le guarde!, ¡vaya usted con Dios!, ¡Dios le dé salud!, ¡Dios nos valga!, ¡que le vaya bien!, ¡que pase un buen día!*

SUBJUNTIVO DE CONCESION

15. Existen ciertas estructuras en subjuntivo independiente que equivalen a una proposición concesiva introducida por *aunque, no importa* u otras partículas equivalentes: *te guste o no, tienes que ir = aunque no te guste, tienes que ir.*

16. PASE LO QUE PASE. Se repite el mismo verbo en el mismo tiempo del subjuntivo mediante un pronombre relativo como *quien, el que, la que, lo que, cuando, cuanto, donde: Pase lo que pase estoy contigo.- Caiga quien caiga, siguen adelante.- Fuera por donde fuera, iba provisto de tabaco.- Le avisaban, llamase cuando llamase.*

17. QUIERAS QUE NO. Se trata de proposiciones disyuntivas en subjuntivo introducidas por O, YA, QUE. Debe usarse el mismo tiempo en las dos partes; pero los verbos pueden ser distintos. Si son iguales, se omite en la segunda parte: *quieras que no, te tomas el jarabe.- Ya hiciera sol, ya cayeran chuzos, siempre iba de paseo.- Así es, le guste o no.*

SUBJUNTIVO DE ADVERTENCIA

18. Hay, en primer lugar, varias fórmulas invariables, en tercera persona del presente de subjuntivo como NO SEA QUE, NO HAYA QUE, NO OCURRA QUE, NO VAYA A SER QUE: *estudia, no sea que te suspendan.- Respeten las señales, no haya que lamentar víctimas.- Trabaja mucho, no ocurra que no te llegue el dinero.*

19. Existen asimismo otras estructuras negativas, en presente o imperfecto de subjuntivo, que poseen un sujeto y requieren la concordancia del verbo con él. Son estructuras del tipo NO SER + SUBJUNTIVO, NO IR A + INFINITIVO, NO TENER QUE + INFINITIVO: *conduce bien, no vayan a multarte.- No les doy el dinero, no sean unos timadores.- No lo hago, no tenga que lamentarlo.*

OTRAS FORMULAS

20. La sorpresa se puede expresar mediante fórmulas en imperfecto de subjuntivo como *¡quién lo creyera!; ¡nadie lo dijera!; ¡si vieras!; ¡si viera usted!:* Ya soy rico. *¡Quién lo dijera!*

21. La aprobación o reprobación de un hecho se expresa en subjuntivo con QUE. La entonación es muy importante; *¡que duerma todo lo que quiera!.- ¡Que no hubiera sido tan idiota!.- ¡Que se vaya con vientos frescos!*

22. Fórmulas de excusa o cortesía en subjuntivo son: *usted perdone; que yo sepa; valga la expresión; que yo recuerde.*

23. ¡VAYA! no se siente como subjuntivo, sino como una exclamación: *¡vaya genio que tiene!.* VENGA expresa reiteración en expresiones como *tú sin hacer nada y yo venga a trabajar.*

EJERCICIOS

Ponga en subjuntivo el verbo en cursiva. Use todos los tiempos posibles.

1. ¡Cuídese, que no se *resfriar*!
2. ¡Que *volver* ustedes con bien!
3. Hasta el lunes. ¡Que *pasar* ustedes un buen fin de semana!.
4. Ha habido un accidente. ¡Que no *morir* nadie!
5. Se cayó por las escaleras. ¡Que no se *romper* una pierna!
6. ¡Quién *poder* pasar las vacaciones en España el verano próximo!
7. ¡Quién *ver* los fuegos artificiales del año pasado! Fueron muy hermosos.
8. ¡Quién *ser* rey para arreglar estos desmanes!
9. ¡Si me *atrever* a decírselo anoche!
10. ¡Si no *darse* cuenta ellos!
11. Quiero tomar el sol ahora. ¡Si no *haber* clase!
12. ¡Ojalá no nos *llover* para la comida de mañana!
13. ¡Ojalá lo *hacer* ellos cuando había tiempo!
14. ¡Ojalá que *llegar* a tiempo el presidente! Así habría evitado el atropello.
15. ¡Ojalá ya *salir* del hospital el tío, cuando lleguemos!
16. ¡Así le *partir* un rayo!
17. ¡Así te *bendecir* Dios!
18. Todas las oraciones religiosas acaban con un *¡así ser!*
19. Todo me salió como lo pensé ¡Nunca lo *pensar*! Ahora me arrepiento.
20. ¡Nunca *ver* tú a tu hijo en la cárcel!
21. Ese hombre me ha hecho mucho mal. ¡Nunca lo *conocer*!
22. Todo nos ha ido mal. ¡Jamás *venir* a este país!
23. ¡Jamás te *encontrar* en un aprieto así!
24. ¡No *tener* un accidente por lo malo que es!
25. ¡No te *ocurrir* lo que a mí!
26. ¡Que no le *dar* un susto! Lo merecía para escarmiento.

27. ¡Que jamás *tener* vosotros que ir a una guerra!
28. ¡Que *ser* lo que Dios quiera!
29. ¡Si él no *saber* lo que me han hecho!
30. ¡Ojalá mis tíos *asistir* a mi boda!

Use una de las fórmulas de deseo enumeradas en # 14 que vaya bien con el contexto.

1. Otra vez ha perdido mi equipo. ¡---------------------------------!
2. El 16 de septiembre los mexicanos gritan: ¡-----------------------!
3. Al ser fusilado, el patriota exclamó: ¡--------------------------!
4. El médico le dijo a su paciente: ¡----------------------------------!
5. Al darle una limosna, el pobre le dijo: ¡-------------------------!
6. En su cumpleaños todos le desearon: ¡---------------------------!
7. El sacerdote bendijo al peregrino: ¡------------------------------!
8. ¡---------------------------------- que salgamos bien de ésta!
9. ¡Que se repita muchas veces!. ¡Y ---------------------------------!
10. El que no crea en nuestra fe, ¡----------------------------------!

Transforme en una proposición con AUNQUE u otra partícula equivalente las siguientes estructuras en subjuntivo. Note el cambio de matiz significativo.

1. *Nieve o llueva,* siempre sale de paseo.
2. *Me alaben o me critiquen,* hago mi trabajo igual.
3. *Quieras o no,* tienes que irte a la cama ahora.
4. *Le gustara o no,* nunca dejó de hacerlo.
5. *Ya llores, ya te rías,* no me convences.
6. *Cueste lo que cueste,* voy a comprar un Dalí.
7. *Pese a quien pese,* nos casaremos este verano.
8. *Compres el que compres,* cualquier vestido te irá bien.
9. *Veas lo que veas,* no digas nada.
10. *Llegue cuando llegue,* no dejes de avisarme.
11. *Vayas donde vayas,* te seguiré.
12. *Coma cuanto coma,* siempre tengo hambre.
13. *Lo tomes como lo tomes,* te diré la verdad.
14. *Escojas el número que escojas,* no te tocará la lotería.
15. *Sea la que sea su postura,* hay que respetarla.
16. *Me lo digas o no,* no me importa.

Transforme en una estructura concesiva de subjuntivo independiente las proposiciones en cursiva:

1. *Aunque no me quieras,* siempre seré tu amigo.
2. *No importa cuándo llame,* avísame.
3. *Aunque pagues mucho,* no puedes comprar la elegancia.
4. *No importa si podía o no,* siempre lo intentó.
5. Dijo que, *aunque llegara pronto o llegara tarde,* le avisasen.

Ponga en subjuntivo el verbo en cursiva. Indique si expresa sorpresa, aprobación, excusa, advertencia:

1. España ya es una democracia. !Quién lo *creer*!
2. Obedece al policía, no *ser* que te multe.
3. Está muy cansado. ¡Que *dormir* lo que quiera!
4. ¡Que se *portar* así!. Debe de ser un tonto.
5. Frenó de repente, no *ir* a atropellar a alguien.
6. Deja todo arreglado, no *tener* que volver mañana.
7. Que yo *saber*, el director no ha llegado.
8. No vayamos a invertir en este negocio, no *resultar* una estafa.
9. Es muy rebelde. ¡Que se *estrellar*!
10. ¿Que pide una audiencia? Que la *pedir*.
11. ¿Que tiene propuestas? Que las *tener*.
12. ¿Que se empeña en destruirse? Que se *destruir*.
13. ¡Que *ser* él tan infantil!
14. Estudia más, no te *suspender*.
15. *Perdonar* usted, no lo había visto.
16. Yo *venir* a trabajar y tú, mano sobre mano.
17. Eres un tonto, *valer* la expresión.
18. ¡Si *ver* usted!, estaba muy hermosa.

Identifique fórmulas de deseo, advertentencia y semejantes en este texto.

¡Ni que me azoten! ¡Pero adonde se halle ese bailón renegado!...¡Así lo vea yo con las tripas arrastrás!.

¡Dios te dé buena ventura!
Con resabio garboso le tiró una onza...
¡Así te nazcan alacranes en la lengua!

El cubano haría mal si no las deja a todas embarazadas.
¡Quién se viera en su lugar!

Para el mío no ha llegado esa gracia.
Llegará.
¡Si Pepe Concha me cumpliese la palabra de nombrarlo su ayudante!

Don Carlos la besó en la frente:
¡que duren los buenos propósitos!
¿Has recibido a un emisario de los liberales españoles?
No lo he recibido todavía.
¡No sea un lazo de los francmasones, Carlos!

¡Mala sombra!
¡A ver si te arranco las orejas!
¡No te ganes una soba!

Fernández Vallín es uno de los hombres más religiosos que conozco. Ha estado a punto de profesar en Loyola.
¡Que me perdone!

RAMÓN DEL VALLE-INCLÁN, *Viva mi dueño*

III. REPASO: COMPLEMENTO DIRECTO CON O SIN A

Coloque la preposición A donde sea necesaria. Discuta los casos en que es opcional.

1. Busco ---------- un médico.
2. Llama --------- médico de cabecera.
3. He visitado --------- muchas ciudades interesantes.
4. Siga -------- esa ambulancia.
5. Luisa mató -------- su perro.
6. Abandonó --------- Salamanca con tristeza.
7. Visitaré --------- mis padres cuando pase por Madrid.
8. He oído tocar ---------- orquestas muy importantes.
9. Estoy esperando --------- la confirmación de su llegada.
10. Llamad ---------- la policía.
11. He oído ---------- ese tenor.
12. He oído ---------- esa ópera.
13. El médico examinó --------- la enferma.
14. Eso avergüenza ----------- cualquiera.
15. Busco ----------- una criada.
16. Deseo ----------- una secretaria con experiencia.
17. Contesta ---------- todas las cartas que recibe.
18. Respondió ----------- director con frases groseras.
19. Conozca usted ---------- España.
20. Busco ----------- la persona que me dio el encargo.
21. Está esperando ----------- su primer hijo.
22. Sólo tienen ---------- un hijo.
23. No he visto ---------- nadie.
24. Tienen ---------- un hijo militar.
25. Quiero mucho ---------- los animales.
26. Hace llorar ---------- los animales/piedras.
27. Tenía ----------- muchos animales en casa.
28. Contemplaba ---------- la puesta del sol como arrobado.
29. Quiere más ---------- su perro que --------- sus amigos.
30. Necesito ---------- varios albañiles y carpinteros para terminar el chalé antes del verano.
31. Teme --------- la enfermedad más que --------- la muerte.
32. Prefiere --------- las malas compañías -------- los verdaderos amigos.
33. Siempre ve --------- enemigos en todas partes.
34. Trata -------- tus enemigos con generosidad.
35. Los políticos no logran convencer -------- las masas.
36. La Universidad española necesita --------- más profesores.
37. Nunca he encontrado ----------- un político tan inepto.
38. Mi mujer atiende --------- la casa y yo ---------- mi trabajo.

IV. CABOS SUELTOS: LA PALABRA EXACTA

Reemplace la definición en paréntesis por una palabra exacta.

1. (El enemigo que invade) un país.
2. (Las personas que votan) en las elecciones.
3. (El artista que expone) sus cuadros.
4. (El tirano que oprime) al pueblo.
5. (El que protege) los derechos.
6. (El que imprime) libros.
7. (El que defiende) una causa.
8. (La persona que deserta) del ejército.
9. (La instalación que emite) programas de radio.
10. (El mecanismo que interrumpe) la corriente eléctrica.
11. (La habitación donde duerme) la familia.
12. (La máquina que lava la vajilla).
13. (El que mata los toros) en una corrida.
14. (El que ayuda a otro) en un oficio.
15. (El que escribe los documentos) en una oficina.
16. (Los que visitan) un museo.
17. (Los aparatos que emiten en voz alta) la música o avisos al público.
18. (Los que anuncian sus productos) en TV o la radio.
19. (La máquina que aspira) polvo o suciedad del suelo.
20. (La mujer que arregla camas y cuartos) en un hotel.

Reemplace las siguientes expresiones con hacer y poner por un solo verbo equivalente.

1. Poner duro.
2. Poner caro.
3. Poner corto.
4. Poner pobre.
5. Poner loco.
6. Poner curvo.
7. Poner flaco.
8. Poner gordo.
9. Poner alegre.
10. Poner derecho.
11. Hacer aparecer una idea.
12. Hacer funcionar el motor.
13. Hacer nacer sospechas.
14. Hacer renacer la esperanza.
15. Hacer revivir los muertos.
16. Hacer caer el gobierno.
17. Hacer tomar la medicina.
18. Hacer bajar los precios.
19. Hacer subir los precios.
20. Hacer desaparecer una huella.
21. Ponerse de acuerdo.
22. Poner en peligro.
23. Poner en claro.
24. Poner en circulación.
25. Poner en prisión.
26. Poner al corriente.

11

BUENOS AIRES
La gran metrópoli del Sur, fundada por los españoles hace quinientos años, se extiende a orillas del Plata, europea y cosmopolita, criolla y americana, en mezcla inconfundible. Es centro importante de comercio y cultura.

I. LECTURA: DOS HISPANOAMERICAS

La América del Atlántico es una América de puertos. Sus grandes ciudades miran al mar. Su vida está cruzada por todos los idiomas. En Buenos Aires el grado de educación de una persona lo da el número de lenguas que posee. Las calles de esa ciudad como las de Nueva York o las de Río de Janeiro son escaparetes de un comercio universal. Así debieron serlo - en el mundo más apretado de otro tiempo-, las de Venecia, Pisa, Génova. La América del Pacífico, no. La América del Pacífico está en la montaña. Sus ciudades no sólo no están al nivel del mar, sino que a veces se resguardan en alturas inverosímiles: México a 2.300 metros, Bogotá a 2.600, Quito a 3.000, La Paz a 3.500. A esas ciudades no llega la marea de emigrantes: cada familia hace doscientos, trescientos, cuatrocientos años que se ha establecido en el país. La Babel de los idiomas no estremece las torres parroquiales.

A la América del Pacífico se la encuentra muy castellana. Desde California hasta Chile. En California se siguen construyendo casas a la española y las ciudades se llaman San Francisco, Santa Bárbara, Monterrey, Nuestra Señora de los Angeles. Cuando me hallaba en California, detrás de mi casa corría un camino que se llamaba La Alameda del Rancho de las Pulgas, y al frente un riachuelo denominado San Francisquito. Yo vivía en Palo Alto. Esa California, naturalmente, está mucho más cerca de México -o de Bolivia- que de Nueva York. Como Nueva York está más cerca de Buenos Aires que de California. Por eso hay una América del Atlántico y una América del Pacífico. Pero no hay que entrar en disgresiones. A la América del Pacífico se la encuentra un acento castellano. "Cómo hablan de bien ustedes el castellano", es lo primero que se nos dice en Buenos Aires a quienes venimos del Pacífico, de los Andes.

Quizá no se haya reflexionado lo suficiente sobre ese nuestro acento castellano, que ni siquiera es andaluz, ni gallego, sino castellano. El asunto va más allá del idioma. Hay una cuestión de espíritu. El hombre del Pacífico, en América, ha vivido como el de Castilla en España: pegado a la tierra, quieto dentro de su paisaje que, muchas veces también, es paisaje de mesetas. Los Andes han sido Pirinos gigantescos que mantienen aislados a nuestros pueblos. Se han sucedido siglos en que nosotros hemos visto pasar, al igual que los castellanos, la corriente europea, como algo ajeno a nuestra vida, como algo lejano de que sólo oímos el rumor.

Cuando se vive en una ciudad puerto, siempre que se echa a andar por una calle se sabe que al final se encontrará al hombre de la boina vasca que se bambolea en un bote pescador, o a la vela remendada y el bosquecillo de mástiles. Las calles se tiran al mar y las últimas casas se reflejan, como peces, en el agua. !Qué distintas son las ciudades de los Andes! Las calles desembocan en el monte: hay siempre una colina, a veces la montaña misma, que le hace a cada una su telón de fondo de riquísimo verde vegetal. Por eso allá, el hombre tiene un alma que se mueve entre paisaje de árboles. Sigue siendo rural. Mientras por acá los niños han jugado en la playa, allá no hay quien de joven no haya participado en las faenas del campo, y haya ido por leña al monte, por agua a la quebrada.

Lo que en el oriente de América son anchurosas llanuras que se extienden ante un mar lleno del alegre vocerío de los mercaderes y que respira por la chimenea de los trasatlánticos, al occidente son montañas -la cordillera de los Andes, la cornisa de rocas- frente al mar silencioso, al "mar Pacífico". Aquí, del lado levantino, puertos abigarrados, fenicios, por donde entran a codazos y a millones los emigrantes; allá, puertos de pescadores, de fuerte colorido regional. Del lado del Atlántico el litoral es sonoro y atrás queda la pampa profunda y silenciosa; del lado del Pacífico el litoral tranquilo, y adentro la montaña está llena de voces que se multiplican en los valles y en las plazas o mercados de las aldeas. Por el costado izquierdo, desde California hasta Chile, América está llena de notas regionales, de vestidos típicos, de viejas músicas autóctonas; por el costado derecho, desde Nueva York hasta Buenos Aires, todavía resuenan en América acentos europeos, se respira un ambiente universal, se vive como en el "hall" de un hotel internacional.

Oriente y occidente en América son como cara y cruz, como sol y luna, como agua y tierra. Acá, por el Atlántico, los inmigrantes han llegado en rebaños de buques y se han desparramado en las orillas como la espuma de las olas. Allá, al Pacífico, también llegaron en otro tiempo, en muchedumbre, inmigrantes. Pero eran gentes de tierra y no de mar. En la América del Norte, a través de generaciones, la frontera se fue moviendo de Oriente a Occidente, hasta que la avalancha humana se descolgó sobre las campiñas de California. Esa gente, antes, había cruzado el mar, pero cuando llegó a California ya no venía tirando remos, sino empuñando hachas, se habían extinguido en su lengua las canciones marinas, y sólo se oía el golpe seco del hierro, rajando bosques. En las almas no resonaba el cristal de las aguas, sino el paso de los vientos por la garganta de las rocas,por el arpa de los pinos. Y así han sido por allá todas las migraciones del hombre: desde los tiempos en que las naciones indígenas se iban corriendo en masa, en México, de Norte a Sur; desde que el aymará trepó en Bolivia los flancos de la cordillera o el pueblo de los Incas se extendió de Cuzco hasta Colombia; desde que los chibchas trotaban por los montes extendiendo los brazos de su estrella que partía de un corazón de esmeralda: la sabana de Bogotá.

GERMÁN ARCINIEGAS, *La América del Pacífico*,
en *La Nación*, 26 octubre 1941

A. ¿Quién lo sabe?

Babel
Fenicio
Inca
Chibcha

B.   **Vocabulario marítimo. Use en una frase las palabras siguientes. Busque otras relacionadas.**

Bambolear   Mástil
Bote   Mercader
Buque   Pescador
Comercio   Puerto
Espuma   Remo
Marea   Trasatlántico
Marino   Vela

C.   **Complete con expresiones apropiadas del texto.**

1. Las ciudades americanas del Pacífico no están al ------------ ----- -----------; se resguardan en ----------------- --------------------.
2. La Babel de los idiomas no estremece las ----------------- ----------------.
3. Siempre que se ------------- ----------- ---------------- por una calle, se sabe que al final se encontrará al ------------- de la ------------ ----------------.
4. Una colina hace a cada calle su ---------------- ------ --------------------.
5. Puertos abigarrados por donde entran --------- ---------------- y a ------------ los inmigrantes.
6. Oriente y occidente son como --------------- y ----------------.
7. Esa gente, cuando llegó a California, ya no venía ----------------- -------------, sino ---------------- ---------------------.
8. Sólo se oía el ------------------ ------------------- del hierro, rajando bosques.

D.   **Explique estas expresiones y relaciónelas con la lectura.**

1. Hacer la América.
2. Cruzar el charco.
3. Hacerse a la mar.
4. Vivir de espaldas a la corriente.
5. A toda vela.

E.   **Temas para conversar.**

1. Grandes ciudades del Atlántico en América, características.
2. ¿Hay relación entre ellas y las viejas ciudades del Mediterráneo?
3. Grandes ciudades en la costa del Pacífico. Situación.
4. ¿Hay relación entre ellas y las ciudades de Castilla?
5. El castellano del altiplano y el castellano de los puertos.
6. América, tierra de emigrantes.
7. ¿Cómo se pobló California?
8. ¿Podría escribirse este artículo hoy? ¿Qué cambiaría usted?

F.   **Comentario especial.**

1. Busque los varios sentidos de *marea*. Indique otras palabras derivadas de mar.
2. ¿Qué tipo de palabra es *pampa*? ¿Designa algo en España?
3. ¿Cuáles son las músicas *autóctonas* de América?
4. Explique estas metáforas: *el arpa de los pinos, bosquecillo de mástiles, corazón de esmeralda.*

II. GRAMATICA: INDICATIVO O SUBJUNTIVO EN ORACIONES SUJETO

INDICATIVO

1. Rige indicativo ES QUE. En cambio NO ES QUE siempre va en subjuntivo: *no es que me burle de él; es que hace el tonto.*

2. Cuando se hallan en forma afirmativa, rigen indicativo:

   a) SER o ESTAR seguidos de adjetivos o sustantivos de certeza como *seguro, evidente, obvio, cierto, verdad, evidencia, hecho: Es obvio que nunca escribió tal cosa.- Era un hecho que no habían leído el libro.- El caso es que ganó.- Está claro que no es así.*

   b) Los verbos de suceso como *ocurrir, suceder, acontecer, pasar: Pasa que eres un tonto.- Ocurría que no lo aguantaba.*

   c) PARECE QUE: *parece que vienen muchos.*

SUBJUNTIVO

3. Rige siempre subjuntivo ESTAR seguido de adverbios de modo como *bien, mal, de más* y ciertos participios: *Estuvo mal que le insultaras en público.- No estaría de más que le pidieras disculpas.- Está decidido que vayas.*

4. Aparece subjuntivo tras expresiones del tipo SER DE EXTRAÑAR QUE y semejantes como SER DE LA RESPONSABILIDAD QUE: *es de admirar que nade todos los días.- No es de mi incumbencia que se cumpla esa ley.*

5. SER seguido de adjetivos o sustantivos no incluidos en # 2,a), lo que supone la mayoría de ellos: *es peligroso que te asomes.- Es fácil que falle.- Es normal que no quiera.- Es costumbre que el pueblo vaya al campo ese día.- Es mala idea que te cases.*

6. Los verbos de sensaciones, interés, emoción, reacciones afectivas rigen subjuntivo. Tal es el caso de *gustar, pesar, doler, convenir, molestar, entrañar, alegrar, enojar, interesar* y semejantes: *me gusta que me beses.- Me molesta que lo diga tantas veces.- Nos extrañó que no viniera.- Conviene que no te vean con él.*

7. VALE MÁS QUE y otros como *dar pena, rabia, asco, tener sentido, pasar por la cabeza: Valía más que no lo hubieras dicho.- No se le pasó por la cabeza que se ofendiera.- Da pena que desaproveches así el tiempo.*

8. PUEDE (SER) QUE: *puede ser que nieve mañana.- Puede suceder que lo condenen.- Puede ser que no quiera colaborar.*

9. El verbo *parecer*, seguido de *bien, mal, verdad, mentira*, rige subjuntivo: *parece mal que fumes.- Parece mentira que seas tan tanto.*

SUBJUNTIVO O INDICATIVO

10. En forma negativa llevan generalmente subjuntivo las estructuras discutidas en # 2,a) y c), es decir, NO ES VERDAD QUE, NO ES/ESTA CLARO QUE, NO PARECE QUE: *no es verdad que te traicione.- No es obvio que sepa francés.- No parece que sea tan tonto como dicen.- No está claro que lo haya hecho.*

    No obstante, a veces, se construyen con **indicativo** para recalcar la verdad de la proposición: *no es verdad que te traiciono.- No parece que vienen muchos.*

    También se construyen en **indicativo** en proposiciones interregogativas: *¿no es obvio que sabe francés?.- ¿No parece que está borracho?*

11. Cabe indicativo o subjuntivo, según se trate de un hecho o de una posibilidad con expresiones del tipo LO IMPORTANTE ES QUE, es decir, cuando el atributo de SER es un adjetivo valorativo precedido de LO: *lo bueno es que no lo sabe / lo bueno es que no lo sepa.*

12. Con algunos adjetivos o sustantivos incluidos en # 5, como *pena, lástima*, pueden aparecer los dos modos: *es una lástima que se ha echado a perder / es una lástima que se haya echado a perder.*

INFINITIVO

13. Casi todas las construcciones descritas pueden remplazarse por otras en infinitivo sin QUE. Para ello es necesario una de las condiciones siguientes

    a) Que la subordinada sea impersonal: *es peligroso asomarse.*
    b) Que las dos proposiciones tengan el mismo sujeto: *me gusta nadar.*
    c) Que se trate de un verbo de interés: *te importa callar / importa que calles.*

EJERCICIOS

Ponga el infinitivo en indicativo o subjuntivo. Si los dos son posibles, discuta la diferencia de significado.

1. No es que me *caer* mal; es que *ser* tonto.
2. No es que el chico no lo *saber*; es que *tener* mala memoria.
3. Estaría mal que *hacer* vosotros una cosa así.
4. Estuvo de más que lo *explicar*. Me tomó por tonto.
5. Estaría bueno que ahora se nos *pinchar* la rueda.
6. Es de alabar que ella *tener* un buen gusto.
7. No es de nuestro gusto que los chicos se *portar* así.
8. Es de la incumbencia del director que los aviones *salir* a la hora.
9. Fue de notar que las fiestas se *celebrar* con tanto esplendor.
10. Lo más probable es que *nevar* mucho en la montaña.
11. Lo importante sería que rusos y americanos se *entender*.
12. Lo que no había entendido es que ella *querer* dejarlo.

13. Seguro que vosotros no *traer* nada de comer.
14. Está comprobado que Salieri no *matar* a Mozart.
15. No está documentado que Santiago *venir* a España.
16. Está claro que ese equipo *descender* a segunda.
17. No es obvio que España *perder* tiempo en la UE.
18. Era asombroso que se *conservar* tan bien ella a pesar de los años.
19. Es significativo que el presidente no *firmar* ayer ese documento.
20. No es bueno que el hombre *estar* solo.
21. ¿Sería posible que ustedes me *reservar* una habitación?
22. Es raro que la Inquisición no lo *perseguir* por sus ideas.
23. ¿No sería lamentable que tal príncipe *dar* ese espectáculo?
24. Es importante que el chico *aprobar* los exámenes en junio próximo.
25. La verdad es que me *gustar* ser médico, si pudiera.
26. Es un secreto a voces que todos le *temer*.
27. Es un hecho que *ser* un buen entrenador en su equipo.
28. ¡Qué lástima que no *caber* más cosas en la maleta!
29. ¡Qué idea loca que te *casar* con ese tipo!
30. Era opinión que el chocolate *producir* dolor de cabeza.
31. Es una lata que nosotros *tener* que irnos tan pronto.
32. Es una costumbre que en enero *haber* rebajas.
33. A Carmen le daba rabia que la *insultar* sus compañeros.
34. A la nena le gustaría que sus papás la *sacar* a pasear.
35. A España le basta que Marruecos le *dejar* pescar en sus aguas.
36. Le dolió que ella no le *informar* de nada.
37. Le fastidió mucho que se *decir* esas cosas de él.
38. Me parecía muy difícil que ella se *curar* de esa enfermedad.
39. Sucedió que la torre se *caer* por el huracán.
40. Le ponía malo que la gente lo *reconocer* en la calle.
41. No parece que aquí lo *saber* nadie.
42. Me molesta que *vender* tu coche a otro.
43. Se prefería que la secretaria *hablar* tres idiomas.
44. No vale la pena que tanta gente *emigrar* a la ciudad.
45. Parece que *sacar* oro de las piedras.
46. Vale más que nunca *salir* de tu país.
47. Puede que *haber* tormenta esta noche.
48. No se veía bien que el profesor *hablar* de tales temas en clase.
49. Les seduce el hecho que Colón *nacer* en Italia.
50. Resultó que ellos no lo *saber*.
51. No le importaba ya que lo *ver* en el cine con él.
52. Que él *aparecer* vestido así no significa nada.
53. ¿Te parece que *ir* a ocurrir una desgracia?
54. Le entristecía que vosotros no la *comprender*.

Justifique el uso de indicativo o subjuntivo en las oraciones sujeto de este texto.

En cuanto a España... Es extraño que de nuestra larga historia no se haya espumado cien veces el rasgo más característico, la desproporción entre el valor de nuestro vulgo y el de nuestras minorías selectas.

No pretendo negar la influencia diferenciadora de galos e iberos en el desarrollo de Francia y España; lo que niego es que sea ella la decisiva... El hecho es que al entrar el franco en las Galias y el visigodo en España representan ya dos niveles distintos de energía humana.

Para el germano lo absurdo es que se estime el trabajo agrícola como un título bastante de propiedad.

En Francia hubo muchos señores y poderosos; lograron plasmar históricamente, saturar de nacionalización hasta el último átomo de masa popular; para eso fue preciso que viviese largos siglos dislocado el cuerpo francés en moléculas innumerables.

Que España no haya sido un pueblo moderno es cosa que a estas fechas no debe de entristecernos mucho... Hoy parece que aquellos principios ideológicos y prácticos comienzan a perder vigor... Pero la norma histórica, que en el caso español se cumple, es que los pueblos degeneran por defectos íntimos... Todavía, si las razas peninsulares hubiesen producido gran número de personalidades eminentes, es posible que tal abundancia hubiera bastado a contrapesar la indocilidad de las masas.

Es preciso que fracasen totalmente para que en sus propias carnes aprendan lo que no quieren oír... Y ante todo no extrañe que más de una vez se aluda en este volumen a las conversaciones. ¿Por ventura se cree que es más importante la actividad electoral? Sin embargo bien claro está que las elecciones son mera consecuencia de lo que se hable.

José Ortega y Gasset, *España Invertebrada*

III. REPASO: COLORES. TIRAR A

Con TIRAR A se donota la aproximación, parecido. Puede usarse en diversas circunstancias: *tira un poco a dulce*. Pero es frecuente, sobre todo, en colores: *tira a rojo*. En este caso, el idioma tiene otro recurso para decir lo mismo: una serie de sufijos que se unen al nombre del color correspondiente. De algo que tira a amarillo se dice que es amarillento. De esta forma cabe expresar de un lado el color mismo: *la raza amarilla*, y de otro lo que se le parece: *polvo amarillento*. A veces un sufijo indica lo aproximado: de *blanco --- blanquecino*, en tanto que otro añade un matiz peyorativo: *blancuzco*.

Complete el espacio en blanco con un derivado del color en paréntesis.

1. (Blanco). Tiene unas manos lechosas, --------------------- repugnantes.
2. (Amarillo). Debe tener hepatitis. Está muy -----------------------.
3. (Gris). El cielo estaba plomizo -----------------------.
4. (Naranja). Llevaba una falda negra y una blusa ---------------------.
5. (Negro). La tormenta se anunciaba en nubarrones ---------------------.
6. (Pardo). A lo lejos destacaban montes --------------------- y bajos.
7. (Rojo). El cometa dejó una estela ---------------- en el firmamento.
8. (Rosa). Ofrece un aspecto ------------------, de buena salud.
9. (Verde). El sol se reflejaba en las aguas ------------------ del lago.
10. (Violado). La cara del ahogado presentaba un aspecto -----------------.

IV. CABOS SUELTOS: DIFERENCIAS DIALECTALES

En el español existen muchos dialectos que presentan diferencias fundamentalmente léxicas y fonéticas. Aquí se ofrece una lista de palabras en cuyo uso se difiere en España y en Hispanoamérica en términos generales.

España	Hispanoamérica
americana/chaqueta	saco
anillo del dedo	argolla
ascensor	elevador
autobús	guagua, camión
bañera	tina
beber	tomar
billete	boleto, tiquete
bonito	lindo
cerilla	fósforo
coche	carro
coger	agarrar / tomar
cucurucho	cartucho
dehesa	potrero
echar	botar
empaparse	ensoparse
enfadarse	enojarse, enfogonarse
enfadado	bravo /enojado
entrada (pago)	enganche
escaparate	vidriera
estupendo	chévere /macanudo
falda	pollera
fuente de agua	pila
fumar	pitar
hierba	grama, pasto
látigo	chicote, fuete
levantarse	pararse
ligero	liviano
lumbre	candela
manzana de casas	cuadra / girón
molestar	fregar / joder
patata	papa
pendiente	arete
perezoso	flojo
puerco /cerdo	chancho / coche
salvado	afrecho
sello de correos	estampilla / timbre
tardar	demorarse
tirar	botar
volver	voltear

12

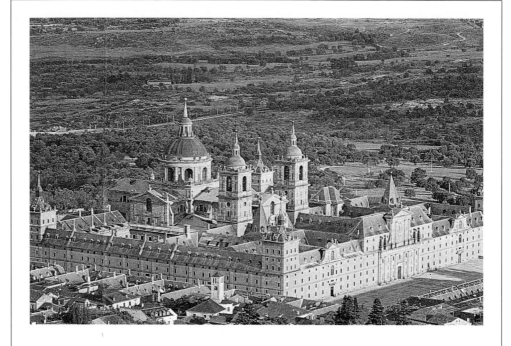

EL MONASTERIO DE EL ESCORIAL

Fundado por Felipe II es el edificio más representativo de la España del Siglo de Oro. Concebido por el monarca español como palacio, panteón y monasterio, su construcción comenzó en 1563 finalizando en 1584. Fueron sus arquitectos Juan Bautista de Toledo y a su muerte en 1567 Juan de Herrera, verdadero artífice del genial monumento, llamado «la octava maravilla del mundo».

I. LECTURA: ¿A QUÉ LLAMAMOS ESPAÑA?

¿A qué llamamos España? Por lo pronto, al singular y multiforme mosaico de paisajes más o menos arbolados y más o menos cultivables en que los españoles tenemos nuestra casa.

Sobre este suelo, nuestras ciudades. Apenas he hablado de ellas. Ni siquiera he dicho que, salvada Italia, no sé si hay en todo el planeta un país que ofrezca a la vista tan alta y tan diversa variedad de ciudades artísticas. Entre Toledo, Santiago, Salamanca, Barcelona, Sevilla, Granada, Segovia, Cuenca, Gerona, ¿cuál elegir? Y si de lo bloques urbanos que el lenguaje administrativo considera «ciudades» o «capitales» pasamos a los poblados que el lenguaje popular llama «villas» o «pueblos», ¿por dónde empezar, con cuál quedarnos?

Sobre nuestro suelo y dentro de nuestras ciudades, en fin, aquello por lo que ese suelo cobra sentido y estas ciudades fueron levantadas: el pueblo y la vida de España. Y en cuanto forma peculiar de la vida del hombre, ¿a qué llamamos España? Pienso que todo cuanto llevo dicho permite ordenar históricamente la respuesta en cuatro asertos sucesivos.

Comenzó España siendo *una sed*, la inmensa, descomunal, infinita sed de horizontes nuevos y realidades plenarias que van constituyendo sus nunca enteramente logradas empresas: la unidad política de sus tierras, la conquista y la colonización cristiana del Nuevo Mundo, la mística aventura interior de sus santos, la unidad católica de Europa, el quijotesco sueño de una humanidad trabada por la fraternidad y regida por la justicia. ¿No dijo Nietzsche que lo propio de España -de la España cuya historia termina en Rocroy- fue precisamente «haber querido demasiado»?

Sin haber dejado de ser una sed, la vida española se hizo pronto y ha seguido siendo un conflicto, pintoresco unas veces y dramático otras. Atrás quedaron expuestas las razones por las cuales ha sido conflictiva la interna diversidad de España y las formas distintas -ideológico-religiosa, socioeconómica, regional- que ese conflicto nuestro ha tenido y sigue teniendo.

Pero nuestro indudable *conflicto*, ¿no llevará en su seno la indecisa posibilidad de una vida futura? Ese conflicto, ¿puede ser para los españoles pura e irrevocable desesperación? No: la vida de España es también una posibilidad. Que cada cual la imagine como quiera. Yo la sueño como una suma de términos regida y ordenada por el prefijo «con»: una convivencia que sea confederación armoniosa de un conjunto de modos de vivir y pensar capaces de cooperar y competir entre sí; una caminante comunidad de grupos humanamente diversos en cuyo seno sean realidad satisfactoria la libertad civil, la justicia social y la eficacia técnica; una sociedad en que se produzca la ciencia que un país occidental de treinta o cuarenta millones de habitantes debe producir, que siga dando al mundo Unamunos, Machados y, si otra vez puede, Teresas y Cervantes, y que conserve viva en sus fiestas la gracia cimbreante de las danzas de Sevilla y la gracia mesurada y colectiva de las danzas de Cataluña.

Y dentro y fuera de esa sed, ese conflicto y esa posibilidad, *una realidad*: la que sobre el portentoso mosaico de sus paisajes y entre la tan desigual red arquitectónica de sus casas, sus palacios y sus templos ponen -con disfraz o sin él, exquisitos o toscos, complicados o sencillos, honestos o pícaros, negociosos o inútiles, fantasmones o almas de Dios- los hombres de España.

¿Recordáis, en el *Paradox, rey*, el tan barojiano «Elogio de los viejos caballos del tío-vivo»? Ya en la declinación de mi vida, en un país que día a día me sustenta y me pincha, el mío por nacimiento, por formación y por decisión, puesto que en él quiero vivir y morir, dejadme que con una balada semejante a esa termine esta ya larga reflexión sobre España.

A mí dadme, os lo ruego, españoles sin trampa ni disfraz. Los que sin mesianismo y sin aparato trabajan lo mejor que pueden en la biblioteca, el laboratorio, el taller o el pejugal. Los que saben conversar, reír o llorar con sencillez, y a través de sus palabras, sus risas o sus lágrimas os dejan ver, allá en lo hondo, esa impagable realidad que solemos llamar «una persona». Los que saben moverse por la anchura del mundo sin abrir pasmadamente la boca y sin pensar provincianamente, recordando las truchas, las novenas o los entierros de su pueblo, que «Como aquello, nada» o que Dios reina en su tierra «más que en todo el resto del mundo». Los que por hombría de bien, cristiana o no cristiana, saben ver y tratar como personas, como verdaderas personas, a quienes con ellos conviven. Los que frente a la jactancia ajena dicen «No será tanto» y ante la desgracia propia saben decir «No importa», tantos y tantos así, entre los que todavía andan y esperan por avenidas estruendosas o por silenciosas callejuelas de España.

PEDRO LAÍN ENTRALGO, *¿A qué llamamos España?*

A. ¿Quién lo sabe?

Nietzsche
Rocroy
Teresa
Barojiano

B. Vocabulario cultural. Use en una frase las palabras siguientes. Busque otras relacionadas.

Arquitectónico	Desesperación
Aserto	Fraternidad
Colonización	Mesianismo
Conflicto	Místico
Convivencia	Mosaico
Danza	Peculiar
Descomunal	Quijotesco

C. **Complete con expresiones apropiadas del texto.**

1. Pienso que todo ----------- ----------- -------------- permite ordenar las respuestas en cuatro asertos.
2. Nuestro indudable conflicto, ¿no llevará --------- -------- -------- de una vida futura?
3. Una comunidad que conserve viva en sus fiestas la ---------- ------------ de las danzas de Sevilla.
4. Dadme españoles sin ----------------- ni --------------------.
5. Recuerdan las truchas, las novenas o los entierros de su pueblo que "-------- -------- -----------."
6. Los que saben moverse -------- ------ -------------- del ----------- sin abrir ---------- la boca.
7. Dios reina en su tierra «---------- -------- ----- ---------- ----- ------------ del mundo».
8. Los que ---------- -------- ---- -------- saben tratar como personas a quienes con ellos conviven.

D. **Explique estas expresiones y relaciónelas con la lectura.**

1. Como en España, ni hablar.
2. De dinero y santidad, la mitad de la mitad.
3. Todos somos hijos de Dios.
4. Patria chica.
5. Con el corazón en la mano.

E. **Temas para conversar.**

1. ¿Qué destacaría en cada ciudad mencionada? ¿Por qué le sería difícil elegir?
2. Discuta ejemplos de empresas españolas. ¿Por qué nunca se lograron enteramente?
3. ¿Podría probar lo conflictivo de la sociedad española?
4. Confederación, convivencia. ¿Cómo?
5. ¿Qué es mesianismo? ¿Se da sólo en España?
6. ¿Cómo hay que tratar a toda persona?
7. ¿Provincialismo? ¿Cosmopolitismo? Ventajas y desventajas.
8. ¿A qué llamaría usted España?

F. **Comentario especial.**

1. Ofrezca ejemplos del lenguaje administrativo.
2. Sentido del prefijo **con**: *convivencia, comunidad, cooperar, competir.*
3. ¿Qué tipo de palabra es *fantasmón*?
4. Explique *pejugal.*

II. GRAMATICA: ORACIONES COMPLEMENTO (I). VERBOS ASERTIVOS

INDICATIVO

1. Se llaman asertivos aquellos verbos que presentan la proposición dependiente como una constatación factual: *veo que viene ahora.* La misma propiedad ofrecen sustantivos y adjetivos derivados o relacionados con ellos: *da la sensación de que no lo conoce.* Si son afirmativos, rigen indicativo. Se distinguen varias clases.

2. Verbos y sustantivos de percepción sensorial como *oir, ver, sentir, sensación, sentimiento: He oído que te casas.- Tenía el sentimiento de que no lo quería.*

3. Verbos y sustantivos de percepción mental como *observar, percibir, recordar, saber, tener en cuenta, impresión, corazonada: Noté que estaba distraída.- Tiene la corazonada de que le va a pasar algo.*

4. Verbos y sustantivos de expresión como *decir, confesar, exponer, explicar, escribir, indicación, constancia, conclusión: Mis padres me escriben que hace mucho frío.- Llegaron a la conclusión de que era un enfermo irrecuperable.*

5. Verbos y sustantivos de pensamiento o juicio mental como *pensar, creer, juzgar, opinar, idea, creencia, opinión: Creía que la Inquisición fue buena cosa.- El presidente tiene la idea de que no es la solución adecuada.*

6. Adjetivos que indican certeza o percepción mental: *se confiesa seguro de que no lo hizo.- Era conocedor de que alguien le perseguía.*

7. La construcción no varía en el caso de que los verbos mencionados requieran una preposición: *se convencieron de que era un proyecto serio.- Se ha enterado de que se va a producir su cese.- Se empeñaba en que no era así.*

SUBJUNTIVO

8. En forma negativa, estos verbos, sustantivos o adjetivos prefieren proposiciones subordinadas en subjuntivo: *no veo que hayáis terminado.- No sabían que estuvieras aquí.- No le dijisteis que hubiérais tenido un accidente.- No es de la idea de que se pueda hacer.- No eran sabedores de que fueran a llevarlos al frente.*

9. Si se introduce un elemento de eventualidad, puede aparecer subjuntivo también en forma afirmativa. Tales elementos pueden ser una interrogación o un adverbio de duda: *sabe que quizá se muera pronto.- ¿Crees que lleguen a tiempo?*

10. Asímismo rigen subjuntivo en forma afirmativa, si se opera un cambio semántico. Esto ocurre frecuentemente con los verbos de expresión y percepción cuando adquieren un matiz de mandato: *dile que venga.- Su mamá le recuerda que se ponga la chaqueta.- Vea usted que no se pierda.*

11. **Sentir** lleva subjuntivo, cuando se relaciona con sentimiento en vez de sensación: *sentimos que no venga.* **Suponer** rige subjuntivo, cuando es factitivo: *su conducta ha supuesto que le galardonen.* **Comprender** y **entender** condicionan subjuntivo si implican razón más que percepción: *entiendo que te quedes* frente a *entiendo que te quedas.*

INFINITIVO

12. Cuando los sujetos son los mismos, cabe construir la proposición con verbo conjugado o en infinitivo: *creo que estoy acertado / creo estar acertado.- No dijo que no estaba en casa / no dijo no estar en casa.* Sin embargo, los verbos de percepción sensorial y mental se resisten a la construcción en infinitivo: no es usual *veo no llevar corbata.*

13. Cuando los sujetos son diferentes, hay varios verbos que admiten construcción de infinitivo o de verbo conjugado. Son los que llevan un doble complemento como *ver* y *oir*. *Veo a Pedro nadar / veo que Pedro nada.- Oigo venir a alguien /oigo que alguien viene.*

EJERCICIOS

Ponga en indicativo o subjuntivo el infinitivo en cursiva. Si los dos modos son posibles, señale la diferencia expresiva.

1. Nadie ha oído que *ocurrir* ese accidente.
2. ¿No ves que la policía lo *llevar* maniatado?
3. Me huelo que *ir* a pasar algo.
4. Sentimos que no te *tocar* la lotería, como esperabas.
5. Ya siento en el aire que *venir* la primavera.
6. ¿No sabes que lo *proponer* el año pasado para la Academia?
7. No, no sabía que lo *proponer*.
8. Creo que a todos nos *gustar* un vasito de buen vino.

9. ¿No pensaron que las consecuencias *ser* nefastas para todos?
10. No pensamos que *poder* ellos tomarlo tan a pecho.
11. Sabemos que *bastar* apretar un botón para iniciar la guerra.
12. Diles que no *gritar* tanto.
13. No me digas ahora que no *venir* a mi fiesta mañana.
14. ¿Cómo se puede creer que se *haber* referido a un periodista así?
15. Ya te habrán sugerido que *cambiar* esa rueda antes del viaje.
16. El profesor aclaró que no *explicar* el subjuntivo en su clase.
17. Descubrí pronto que aquello no me *sentar* bien.
18. Me explico que *haber* gentes que no quieran ir.
19. No se había descubierto todavía que los colorantes *producir* cáncer.
20. El notario certificará que el documento *cumplir* las normas legales.
21. No entiendo que *ser* tú tan tonto como eres.
22. Se convenció de que no *haber* nada que hacer.
23. Sostuvo la tesis de que los militares no se *equivocar* nunca.
24. Expuso la idea de que la crisis *pasar* pronto.
25. Es una prueba de que los asuntos de defensa no se *deber* someter a referendum
26. Felipe II no tenía la certeza de que la Armada *ser* invencible.
27. No son conscientes de que el gobierno los *estafar*.
28. Era de la opinión de que Dios *perdonar* a los pecadores.
29. ¿No estamos en que *salir* a las siete?
30. Se ha olvidado de que se *dejar* las llaves puestas.
31. Usted parte de que *existir* criminales natos.
32. Ahora te descuelgas con que no *traer* comida.
33. No se trata de que se *disculpar* ellos; se trata de que *obrar* bien.
34. Da la sensación de que no *conocer* el tema.
35. Se defendieron en el sentido de que no *tener* que pedir disculpas a nadie.
36. Era una indicación de que los gobiernos *discutir* en serio el asunto.
37. Los delegados transmitieron la presunción de que su país *permanecer* en la Alianza.
38. La sentencia supuso el reconocimiento de que no *existir* delito.
39. Siempre queda el hecho de que ella lo *ofender* gravemente entonces.
40. Llegamos a la conclusión de que vosotros no *saber* nada del asunto.
41. Pronto me di cuenta de que esa chica me *engañar*.
42. El gobierno se enteró de que el ejército *planear* una rebelión en mayo.
43. El mecánico se empeña en que ese coche no se *poder* arreglar.
44. Nadie ha insistido en que te *poner* ese traje.
45. No recordaba que los secuestradores le *tratar* mal.
46. Ya han previsto que los precios *subir* un cinco por ciento el año próximo.
47. ¿Se imaginó usted que le *ir* a hacer tal faena?
48. Comentaron que la prensa *presentar* mala imagen de ese personaje.
49. No prometió que *sacar* al equipo de tal apuro.
50. No supusimos que se *tratar* de un crimen.
51. Por su conducta juzgo que él *ser* un loco, no un malvado.
52. Jura que quizá se *suicidar*, si le obligan a declarar.
53. ¿Confesó el reo que lo *matar* él?
54. Le dejaron bien claro que no *venir* sin pasaporte.
55. Hemos pensado que se lo *decir* tú.
56. Con lo bien que se está, no comprendo que os *ir* tan pronto vosotros.

Indique en este texto las oraciones sujeto y las oraciones complemento de verbo asertivo. Justifique el modo empleado.

Mi nombre es Alejandro Ferri. En cualquier momento habré cumplido setenta y tantos años. Noto que estoy envejeciendo; un síntoma inequívoco es el hecho de que no me interesan o sorprenden las novedades, acaso porque advierto que nada esencialmernte nuevo hay en ellas.

Ya dije que estoy solo. Un vecino de pieza, que me había oído hablar de Fermín Eguren, me dijo que éste había fallecido en Punta del Este.

Sé que estoy solo; soy en la tierra el único guardián de aquel acontecimiento, el Congreso. Soy ahora el único congresal... Sé que lo soy... Es verdad que el día siete de febrero de 1904 juramos no revelar la historia del Congreso, pero no menos cierto es que el hecho de que yo ahora sea un perjuro es también parte del Congreso.

Recordemos que vine de Santa Fe. No he vuelto nunca. Preveo sin mayor interés que pronto he de morir.

Quizá fue en aquella tarde en que propuse a Irala que comiéramos juntos. Este se disculpó alegando que no podía faltar al Congreso. Inmediatamente entendí que no se refería al vanidoso edificio con una cúpula.

Siento que ahora y sólo ahora empieza la historia... Gradualmente sentimos, no sin algún asombro y alarma que el verdadero presidente era Twirl. Twirl adivinó que bastaba sugerir que su costo era demasiado oneroso. Declaró, por ejemplo, que el Congreso no podía prescindir de una biblioteca.

He notado que los viajes de vuelta duran menos que los de ida. Nada me dolía tanto como pensar que paralelamente a mi vida Beatriz iría viviendo la suya... Fue un alivio saber que Fermín Eguren estaba en París.

Jorge Luis Borges, *El Congreso*

III.   REPASO: ASPECTOS DE LA NEGACION

1.   La forma usual de la negación responde a la estructura NO + VERBO + PALA-BRA NEGATIVA, si es necesaria: *no lo he visto / no he visto a nadie.-* Literaria-mente y por énfasis cabe la estructura PALABRA NEGATIVA + VERBO: *na-da tengo; a nadie he visto*

2.   La negación de dos miembros se hace por NI...NI: *ni blanco ni negro.- Ni lo quiero ni lo dejo de querer.* EN ABSOLUTO equivale a DE NINGUN MO-DO: *¿vienes conmigo? En absoluto.* Tiene valor negativo la conjunción SIN, SIN QUE: *se fue de la sala sin acabar el examen.- Salió sin que nadie lo notara.* TAM-POCO se opone a TAMBIEN: *Nosotros tampoco fuimos.- ¿Vas al cine? No. Yo tampoco.*

3.   Hay ciertas palabras que se usan para reforzar la negación:

   ALMA: *no había un alma en el concierto.*
   PERSONA: *no existe persona que lo haga.*
   PALABRA: *no dijo palabra en todo el viaje.*
   HOMBRE: *no hay hombre que se atreva.*

4.   Existen ciertas palabras negativas que en determinadas circunstancias se hacen afirmativas. He aquí algunas:

   NADIE en comparaciones: *sabe más que nadie = sabe más que todos.*
   JAMAS y NADA en interrogativas: *¿se habrá visto eso jamás? = ¿se habrá visto eso alguna vez?.- ¿Existe nada más tonto? = ¿existe algo más tonto?*
   NO en desiderativas; *¡que no le partiera un rayo!.- ¡Qué no daría porque me quie-ras!*

   También suele darse este cambio en proposiciones nominales introducidas por expresiones como ES IMPOSIBLE, ES INCREIBLE y otras que implican una idea negativa: *es imposible hacer nada por él.- Es increíble que no le haya pasado nada.*

5.   Por su parte, ciertas expresiones afirmativas antepuestas al verbo niegan la pro-posición: EN MI VIDA, EN EL MUNDO, EN TODA LA NOCHE (AÑO, DIA...): *en mi vida lo he visto.* Si van postpuestas se requiere un NO antes del verbo: *no he pegado ojo en toda la noche.*

6.   Finalmente, obsérvese que el NO afecta al verbo que precede si hay más de uno: *no quiso venir / quiso no venir; dijo que no estaba / no dijo que estaba.* El significado no es el mismo.

Complete el espacio en blanco con una palabra o expresión de las discutidas en la sección anterior, excepto cuando no se requiera.

1. ¿Puedo ir?.- No ------------------------------.
2. ------------------------------ ha nevado.
3. A nadie --------------------- han castigado.
4. El conferenciante nada ----------------- dijo.
5. No pudieron sacarle --------------------- al espía.
6. --------------- pobre ---------- rico, sólo de buen tirar.
7. Nosotros no vamos al cine hoy. Pues yo --------------------.
8. Yo lo apoyé y vosotros --------------------.
9. ¿Has probado ese vino? No.- Carlos --------------------.
10. ¿No fuiste al partido?.- Sí.- María ----------------.
11. Creo que no había un ---------------------- en el teatro.
12. Lo que me cuentas no me interesa -----------------.
13. No hay ---------------------- que lo aguante.
14. Aceptó la reprimenda ----------------- chistar.
15. Conoce el tema mejor que -------------------.
16. ¿Has asistido ---------------------- a un espectáculo semejante?
17. Es increíble que -------------- haya visto -------------------.
18. Estaba ya muerto. Fue imposible hacer --------------- por él.
19. ------------------- he podido dormir por el ruido.
20. ------------------- hizo otra cosa que dar guerra.
21. ¿Conoces -------------- más interesante que ese club?
22. ¡Que ---------------- se le hubiera pinchado la rueda!

IV. CABOS SUELTOS: HISTORIETA

Ponga palabras a las siguientes historietas mudas

13

UN CAMPUS UNIVERSITARIO
La universidad es uno de los focos más poderosos de concentración de jóvenes. En la foto se ve la Facultad de la Universidad de Salamanca. El que fue su ilustre rector, Miguel de Unamuno, notó que, además de estudiar, «entre tus piedras de oro / aprendieron a amar los estudiantes».

I. LECTURA: LOS ESPAÑOLES. ASI SON, ASI ERAN

La Soberbia, como primera en todo lo malo, cogió la delantera. Topó con España, primera provincia de la Europa. Parecióle tan de su genio, que se perpetuó en ella. Allí vive y allí reina con todos sus aliados, la estimación propia, el desprecio ajeno, el querer mandarlo todo y servir a nadie, hacer el don Diego y vengo de los godos, el lucir, el campear, el alabarse, el hablar mucho, alto y hueco, la gravedad, el fausto, el brío, con todo género de presunción; y todo esto desde el noble hasta el más plebeyo.

Dime, y de sus naturales, ¿qué juicio has hecho?

Ahí hay más que decir: que tienen tales virtudes, como si no tuviesen vicios, y tienen tales vicios, como si no tuviesen tan relevantes virtudes.

No me puedes negar que son los españoles muy bizarros.

Sí; pero de ahí les nace el ser altivos. Son muy juiciosos; no tan ingeniosos. Son valientes; pero tardos. Son leones; más con cuartana. Muy generosos y aun perdidos. Parcos en el comer y sobrios en el beber; pero superfluos en el vestir. Abrazan todos los extranjeros; pero no estiman los propios. No son muy crecidos de cuerpo; pero de grande ánimo. Son poco apasionados por su patria y trasplantados son mejores. Son muy llegados a la razón; pero arrimados a su dictamen. No son muy devotos; pero tenaces de su religión y absolutamente es la primer nación de Europa odiada por tan envidiada.

BALTASAR GRACIÁN, *El Criticón*

Uno de los estereotipos comunes sobre los españoles es que pertenecen a una raza apasionada. Los datos no parecen avalar esa conjetura, por lo menos si los referimos a la actualidad. En el caso extremo, las cifras de homicidios y suicidios están entre las más bajas de Europa. Sin llegar a ese límite, los resultados de algunas encuestas comparadas demuestran que los españoles se distinguen de los otros europeos por manifestar una proporción más baja de satisfacción o interés a lo largo de la jornada, pero también se quejan menos de estar deprimidos, aburridos, fastidiados.

En las conversaciones privadas de los españoles es hasta de mal gusto revelar esos estados de ánimo, sean positivos o negativos. La etiqueta social exige ocultar los excesos de felicidad o infortunio. Las conversaciones amicales o familiares suelen desarrollarse en la dirección de esa ocultación. Más que apasionado, el español medio es moderadamente apático y taciturno. Por lo menos esto es lo que impone el uso social.

Esta actitud de falta de apasionamiento explica quizá algunos desarrollos a escala macrosociológica. Por ejemplo, la falta de resistencia para aceptar cambios de significación política o ideológica, que en otros países ha llevado más tiempo y desde luego muchas más polémicas. Piénsese, por ejemplo, en la rapidez con que se han aceptado en España la legislación del aborto o del divorcio, incluso por personas que se dicen católicas y públicamente lo son.

En España, la simpatía y la obsequiosidad extremadas son valores muy apreciados, pero abundan los personajes taciturnos, ensimismados, sentenciosos, poco locuaces.

El rasgo anímico peculiar del español no es la alegría, sino, lejos de ella, la melancolía. El artículo periodístico de premio, el libro que se lee, la película que atrae al público, son casi siempre productos transidos de pesimismo. ¿Cuántas generaciones de tertulianos de café no habrán comentado la decadencia de los toros, del teatro, de las costumbres, que se presentan renovadas de otro modo?

La melancolía no está reñida con la alegría que se exterioriza con la bullanga, con la extraversión.

AMANDO DE MIGUEL, *Los españoles*

A.   ¿Quién lo sabe?

Baltasar Gracián
Los godos
Macrosociología

B.   Vocabulario del comportamiento. Use en una frase las palabras siguientes y busque otras relacionadas.

Aburrido	Euforia
Altivo	Fastidiado
Apasionado	Fausto
Apático	Generoso

Bizarro	Infortunio
Bullanga	Locuaz
Deprimido	Obsequioso
Desprecio	Plebeyo
Devoto	Soberbia
Ensimismado	Tenaz
Estereotipo	Taciturno

C. **Complete con expresiones apropiadas del texto.**

1. La Soberbia ------------------- --------- -------------------.
2. Allí reina con todos sus aliados, hacer ---------- ---------- ------------ y ------------ ------- ------- ------------------.
3. Los españoles son leones; pero ------------- -------------------.
4. No son ---------- ------------- ---------- cuerpo.
5. Es --------------- ------ -------- ---------- revelar esos estados de ánimo.
6. La melancolía no -------- -------- ----------- la alegría que se exterioriza en --------- -----------.
7. Piénsese la rapidez con que se ha aceptado el divorcio ------------- por personas que ---------- -------------------.
8. El rasgo anímico español no es la alegría, sino ------------ ------ ------------, la melancolía.

D. **Explique estas expresiones y relaciónelas con la lectura.**

1. No hay español sin *don*.
2. Las apariencias engañan.
3. Pisar fuerte.
4. Alegre como unas castañuelas.
5. Por la boca muere el pez.

E. **Temas para conversar.**

1. ¿Hay cosas comunes entre los españoles de ayer y de hoy?
2. ¿Presumen los españoles de venir de los godos?
3. Los españoles transplantados son mejores. Discútalo.
4. Los españoles y la religión.
5. ¿Son o no apasionados los españoles?
6. Aborto y divorcio en España.
7. Simpatía y obsequiosidad.
8. El pesimismo español. Libros, películas, pinturas que lo revelan.

F. **Comentario especial.**

1. Connotaciones de *topar*.
2. Explique *ensimismado* en sus componentes.
3. Busque sinónimos de *bullanga*.

II. GRAMATICA: ORACIONES COMPLEMENTO (II). OTROS VERBOS

SUBJUNTIVO

1. Hay una serie de verbos que rigen subjuntivo, tanto en forma afirmativa como negativa. Son los siguientes.

2. Verbos volitivos, esto es, de voluntad, mandato, prohibición, orden, deseo como *aconsejar, dejar, desear,exigir, mandar, pedir, prohibir, querer, anhelar, instar a, oponerse a, acceder a, exhortar a: Le dejan que venga.- Exigen a Nicaragua que se desarme.- No accede a que pase.- No queremos que lo hagáis.*

3. Verbos factitivos o que causan la acción como *hacer, causar, lograr, obtener, impedir, depender de: Este hecho hace que surja una nueva circunstancia.- Dependemos de que respondan.*

4. Verbos emotivos o hipotéticos como *aborrecer, agradecer, alegrarse de, deplorar, perdonar, dolerse de, confiar en , dudar, ignorar, negar. Niega que su crimen sea premiditado.- Se alegran de que nieve.- Se dolieron de que hubiera muerto.*

5. Aparece también subjuntivo en proposiciones nominales introducidas por sustantivos o adjetivos relacionados con los mencionados verbos: *queda el temor de que lo haya destruido.- Expresó el deseo de que vengas.- Estoy satisfecho de que te hayan aprobado.*

6. Ocasionalmente, algunas de las construcciones anteriores aparecen en indicativo. Ello ocurre cuando el hablante destaca su intencionalidad fáctica: *niega que ha estado aquí.-* También si se produce cambio semántico: *hace que no lo sabe.* El verbo *dudar,* precedido de *no,* puede llevar indicativo o subjuntivo de acuerdo con esta misma intencionalidad: *no dudo que es tonto / no dudo que sea tonto.*

INFINITIVO

7. Las estructuras descritas pueden transformarse en otra equivalente sin QUE y con la proposición subordinada en infinitivo. Ocurre con verbos emotivos, volitivos y factitivos así como con sus correspondientes adjetivos y sustantivos cuando las dos proposiciones tienen el mismo sujeto: *¿quieres cenar con nosotros?.- Soy capaz de llevarlo a juicio.- Temo no llegar a tiempo.- Admiro su actitud de no ceder.*

8. Cuando los sujetos son diferentes, ocurre con verbos de doble complemento como algunos volitivos y factitivos: *hacer jugar bien al equipo.- Te aconsejo ir.*

INTERROGATIVAS INDIRECTAS

9. Proposiciones interrogativas indirectas son aquellas que contienen una pregunta y funcionan como sujeto o complemento de la principal: *no está claro quién sea, no sé si salga*. Se introducen mediante *si, qué, quién, cómo, cuándo, dónde* y otros interrogativos. A veces tales interrogativos son precedidos de un QUE pleonástico: *te pregunto que si me quieres*. Este QUE es obligado tras *decir* o cuando está omitido el verbo principal: *dice que qué se puede esperar.- Que qué te has creído*.

10. Llevan indicativo si se implica una realización, factualización o certeza: *el gobierno dirá si procede seguir*. Llevan subjuntivo si se implica algo hipotético, eventual, dudoso o simple suspensión del juicio: *no sé si salga esta tarde*.

11. Cuando los sujetos de las dos proposiciones son el mismo, se puede usar infinitivo: *no sé si salir*. También en construcciones impersonales: *no consta cómo desarrollar el teorema*.

EJERCICIOS

Ponga el verbo en cursiva en el modo verbal que le corresponda.

1. Lamento que te *hacer* daño la cena anoche.
2. ¿Aún dudas de que te *querer*?
3. Permíteme que le *ayudar*.
4. Te agradecen tus padres que los *llamar* por teléfono.
5. Temían que el paciente se les *morir* antes de la operación.
6. Los nazis nunca dudaron de que *ganar* la guerra.
7. Muchos esperaban que él no *ganar* las elecciones.
8. Sus consejos evitaron que *obrar* peor el acusado.
9. Anhelaban que su hijo *hacerse* médico.
10. Solicité a mis amigos que me *sugerir* un título.
11. El ministro negó que *subir* la inflación.
12. No niego que *estar* en el cine con esa chica anoche.
13. Los terroristas exigieron que el rescate no *bajar* de un millón.
14. He pedido a los Reyes que me *traer* un coche.
15. El profesor no quiere que sus estudiantes *copiar* en los exámenes.
16. Le dejarán que *ir* a Suiza en verano.
17. El gobierno autorizó que Seat *exportar* más coches a Egipto.
18. Ordenaron al embajador que *hacer* las maletas.
19. En el aborto estamos a favor de que *decidir* la mujer.
20. No es cosa de que todos *perder*.
21. ¡Cuánto me alegro de que *eximir* del ejército!
22. Estoy muy feliz de que tu situación se *arreglar*.
23. Estaba hasta las narices de que le *imponer* ellos tales condiciones.
24. Nunca dio lugar a que la gente lo *criticar*.
25. Tengo ganas de que los astronautas *llegar* a Marte.
26. Rosa se empeñó en que todos *llevar* una insignia roja.

27. Se duelen de que su hijo *tener* una conducta tan mala con ellos.
28. Tenían miedo de que *llover* el día de fiesta.
29. Hoy se admite la hipótesis de que el hombre *provenir* del mono.
30. Tu familia se oponía a que *ser* actriz.
31. Su habilidad hizo que todos *aceptar* su propuesta.
32. Ya has logrado que nadie te *poder* ver.
33. No descartan que ese individuo *espiar* para Irán.
34. No toleraban el hecho de que ella y yo nos *querer*.
35. Ignoraba que *estar* en París con tus padres el año pasado.
36. Dínos de quién se *sospechar*.
37. Con tal que se llene la clase no importa quiénes *venir* a ella.
38. Duda sobre cuál le *convenir* escoger.
39. No estaba claro cuánto le *costar* el auto.
40. Lo importante no es quién lo *decir*, sino cómo lo *decir*.

Identifique en este texto las oraciones sujeto y complemento. Justifique el modo usado.

Sabes de sobra que te aguardo... Dentro de dos días hay reunión del departamento. Me encargó Olga que no olvides de asistir. Hoy apenas comí. Regresé al despacho de Claire porque me mandó recado de que a las dos y media me llamaría.

Me sugirió, pues, el Gran Copto que orientase mi búsqueda, o al menos, mi curiosidad hacia la isla de La Gorgona... ¿O es que no te ha llevado nunca a su alcoba Claire? No es menester que te ruborices al confesar que no... Tengo observado que Claire, a ese respecto, es de imaginación escasa.

El comodoro pensó tristemente que morirían; pero prefirió callárselo. Le susurró a su esposa la conveniencia de que Demónica, la hija, abandonase el convento en que se estaba educando y volviese pronto a casa... "Nuestra única solución, explicó a su secretario, es hacernos fuertes en el Arrabal y que los castillos impidan la entrada de cualquier barco... Siempre supimos que la isla es inexpugnable desde el mar... pero a nadie se le ocurrió que un día el enemigo pudiera venir del interior.

Si esperamos a que el sol se sitúe al otro lado, hacia poniente, y el cielo se ponga cárdeno, el cañonazo se repite... Pero advierte que ahora su silueta cae sobre la ciudad...El es quien manda y él ha ordenado que muera tu marido.

"Y todo esto, ¿lo llegará a saber Agnesse?" - "Probablemente, ¿por qué no? Se me ocurre incluso que, alguna vez, se arrastre desnuda hasta la piel del tigre. -Eso de atribuirle hábitos de sensualidad refinada, ¿es una venganza? - Aspiro, te respondí, a que sea una precisión histórica; pero me doy cuenta ahora mismo que te has adelantado en el tiempo..."Vinieron a decirle que no se impacientara y que si quería una copa de vino. Ella lo aceptó... Le dijo también a Agnesse que todas las mañanas la esperaría un coche a la puerta de su casa..., le confiaría la traducción de algunos papeles, sería lo más conveniente que se quedase a almorzar en la propia Señoría y, que si tenía la costumbre de echar la siesta, mandaría que le habilitasen una alcoba... Y yo te pregunté que cuál era la impresión que había causado Ascanio a Agnesse. Me respondiste que le daban un poco de miedo la cara cetrina, los ojos penetrantes.

GONZALO TORRENTE BALLESTER, *La isla de los jacintos cortados*

III. REPASO: EL MANDATO

Ponga en forma negativa:

ven	vete	dormíos
idos	piénsalo	esperadnos
quiérela	recibidla	seguidnos
cerrad	léela	díselo
sube	abrid	escribídsela

Ponga en forma afirmativa, reemplazando por un pronombre, las palabras en cursiva:

1. No te laves *la cara*.
2. No cojas *ese libro*.
3. No le pongas *flores*.
4. No le digáis *chistes* al profesor.
5. No rompan ustedes *la carta*.
6. No le dé usted *dinero*.
7. No le pidamos otra vez *este favor*.
8. No te des *la buena vida*.
9. No dejéis *el paraguas* ahí.
10. No me compréis *el periódico*.

Ponga en imperativo o presente de subjuntivo los verbos en paréntesis. Modifique los pronombres complemento según sea necesario:

1. (Venirte) con nosotros.
2. (Cerrar) usted la puerta.
3. (Salir) [tú] inmediatamente de clase.
4. (Irse) [nosotros] al bar.
5. (Estudiar) [vosotros] la lección cuarta.
6. (Comer) y (beber) [nosotros] que mañana moriremos.
7. (Seguir) usted los consejos del guardia.
8. (Ponerse) [nosotros] el abrigo.
9. (Enviar) [tú] [a nosotros] la carta por correo.
10. (Callarse) [vosotros] un momento.
11. No (tirar) ustedes papeles.
12. (Escuchar) [nosotros] las noticias.
13. (Comprar) [tú] [para mí] el periódico.
14. (Ir) [tú] a entregarle este libro.
15. No (entretenerse) ustedes.
16. Que (esperar) [él] un momento.
17. (Hacer) [vosotros] el ejercicio.
18. (Decir) [vosotros] la verdad.
19. ¡(Reirse) usted señora!
20. (Coger) [tú] el jarrón con cuidado.
21. (Vestirse) usted más elegante.
22. (Volver) usted mañana.
23. (Llamar) [tú] a Juan por teléfono.
24. (Estarse) [vosotros] quietos.

IV. CABOS SUELTOS: GENTILICIOS

Diga a qué lugares pertenecen los siguientes gentilicios:

porteño	pampero	valluno
araucano	tlaxcalteca	sajuaniano
oscense	conquense	bogotano
salmantino	vallisoletano	limeño
ilerdense	ovetense	gaditano
turolense	onubense	balear
tinerfeño	tarraconense	gerundense
cesaraugustano	palentino	donostiarra

Diga el gentilicio de estos lugares españoles:

Madrid	Barcelona	Sevilla	Lérida
Castilla	Cataluña	Granada	La Coruña
Extremadura	Málaga	Andorra	Alicante
Islas Baleares	Bilbao	Andalucía	Cáceres
Galicia	Vascongadas	Navarra	Segovia
Murcia	Pamplona	Gibraltar	Zaragoza
Asturias	Algeciras	Toledo	León
Aragón	Soria	Guipúzcoa	Salamanca
Teruel	Santander	Avila	San Sebastián

Diga el gentilicio de estos lugares portugueses e iberoamericanos:

Argentina	Buenos Aires	Brasil	Río de Janeiro
Lisboa	Coimbra	Paraguay	Colombia
Bogotá	Río de la Plata	Ecuador	Quito
Uruguay	Montevideo	Costa Rica	México
Guatemala	Honduras	Puerto Rico	Perú
Lima	Chile	Santiago	Venezuela
Caracas	Bolivia	La Paz	Cuba
Habana	Panamá	Nicaragua	El Salvador

14

PALACIO REAL DE MADRID
El Palacio Real de Madrid, construido en los Siglos XVIII y XIX sobre un viejo alcázar, es una muestra del estilo neoclásico introducido en España bajo la dinastía borbónica de origen francés. Hoy es museo y escenario de ceremonias oficiales de los reyes.

I. LECTURA: CASTILLA Y ESPAÑA

Para quien ha nacido en esta cruda altiplanicie que se despereza del Ebro al Tajo, nada hay tan conmovedor como reconstruir el proceso incorporativo que Castilla impone a la periferia peninsular. Desde un principio se advierte que Castilla sabe mandar. No hay más que ver la energía con que acierta a mandarse a sí misma. Ser emperador de sí mismo es la primera condición para imperar en los demás. Castilla se afana por superar en su propio corazón la tendencia al hermetismo aldeano, a la visión angosta de los intereses inmediatos que reina en los demás pueblos ibéricos. Desde luego se orienta su ánimo hacia las grandes empresas, que requieren amplia colaboración. Es la primera en iniciar largas, complicadas trayectorias de política internacional, otro síntoma de genio nacionalizador. Las grandes naciones no se han hecho desde dentro, sino desde fuera; sólo una acertada política internacional, política de magnas empresas, hace posible una fecunda política interior, que es siempre, a la postre, política de poco calado. Sólo en Aragón existía, como en Castilla, sensibilidad internacional, pero contrarrestada por el defecto más opuesto a esa virtud: una feroz suspicacia rural aquejaba a Aragón, un irreductible apego a sus peculiaridades étnicas y tradicionales. La continuada lucha fronteriza que mantienen los castellanos con la Media Luna, con otra civilización, permite a éstos descubrir su histórica afinidad con las demás Monarquías ibéricas, a despecho de las diferencias sensibles: rostro, acento, humor, paisaje. La «España una» nace así en la mente de Castilla, no como una intuición de algo real -España no era, en realidad, una-, sino como un ideal esquema de algo realizable, un proyecto incitador de voluntades, un mañana imaginario capaz de disciplinar el hoy y de orientarlo, a la manera que el blanco atrae la flecha y tiende el arco.

Cuando la tradicional política de Castilla logró conquistar para sus fines el espíritu claro, penetrante de Fernando el Católico, todo se hizo posible. La genial vulpeja aragonesa comprendió que Castilla tenía razón, que era preciso domeñar la hosquedad de sus paisanos e incorporarse a una España mayor.

Sus pensamientos de alto vuelo sólo podían ser ejecutados desde Castilla, porque sólo en ella encontraba nativa resonancia. Entonces se logra la unidad española; mas ¿para qué, con qué fin, bajo qué ideas ondeadas como banderas incitantes? ¿Para vivir juntos, para sentarse en torno al fuego central, a la vera unos de otros, como viejas sibilantes en invierno? Todo lo contrario. La unión se hace para lanzar la energía española a los cuatro vientos, para inundar el planeta, para crear un Imperio aún más amplio. La unidad de España se hace para esto y por esto. La vaga imagen de tales empresas es una palpitación de horizontes que atrae, sugestiona e incita a la unión, que funde los temperamentos antagónicos en un bloque compacto.

Para quien tiene buen oído histórico, no es dudoso que *la unidad española fue, ante todo y sobre todo, la unificación de las dos grandes políticas internacionales que a la sazón había en la península*: la de Castilla, hacia Africa y el centro de Europa; la de Aragón, hacia el Mediterráneo. El resultado fue que, por vez primera en la historia se idea una *Weltpolitik*: la unidad española fue hecha para intertarla.

El proceso incorporativo consistía en una faena de *totalización*: grupos sociales que eran todos aparte quedaban integrados como partes de un todo. La desintegración es el suceso inverso: las partes del todo comienzan a vivir como todos aparte. A este fenómeno de la vida histórica llamo *particularismo* y si alguien me pregunta cuál es el carácter más profundo y más grave de la actualidad española, yo contestaría con esa palabra.

En este esencial sentido podemos decir que el particularismo existe hoy en toda España, bien que modulado diversamente según las condiciones de cada región. En Bilbao y Barcelona, que se sentían como las fuerzas económicas mayores de la Península, ha tomado el particularismo un cariz agresivo, expreso y de amplia musculatura retórica. En Galicia, tierra pobre habitada por almas rendidas, suspicaces y sin confianza en sí mismas, el particularismo será reencontrado, como erupción que no puede brotar, y adoptará la fisonomía de un sordo y humillado resentimiento, de una inerte entrega a la voluntad ajena, en que se libra sin protestas el cuerpo para reservar tanto más la íntima adhesión.

Castilla ha hecho a España y Castilla la ha deshecho.

JOSÉ ORTEGA Y GASSET, *España invertebrada*

A. ¿Quién lo sabe?

Aragón
Media Luna
Fernando el Católico

B. **Vocabulario político. Use en una frase las palabras siguientes. Busque otras relacionadas.**

Adhesión	Esquema	Lucha	Peculiaridad
Bandera	Fronterizo	Mandar	Política
Desintegración	Hermetismo	Nacionalizador	Resentimiento
Empresa	Imperar	Particularismo	Suspicacia
Energía	Incorporativo	Proceso	Totalización

C. **Complete con expresiones apropiadas del texto.**

  1. Esta cruda -------------- que ------ ---------------- del Ebro al Tajo.
  2. Sólo una acertada política internacional hace posible una fecunda política interior que es siempre ----- ----- ----------, política de ---------- ------------.
  3. Un mañana imaginario capaz de ------------ ----- ----------- y orientarlo a la manera que el ------- ---------- --------- ----- -------------------.
  4. La genial ------------ aragonesa comprendió que era preciso domeñar la ----------- de sus -----------.
  5. ¿Para vivir juntos, para sentarse ----------- ------------- al fuego central, a ---------- ------------- unos de otros?
  6. El proceso incorporativo consistía en una -------------- ---- ---------------.
  7. El particularismo existe hoy ------ ----- ---------- bien que ------------ -------- ---------.
  8. Castilla --------- -------------- a España y Castilla la ------------ -------------.

D. **Explique estas expresiones y relaciónelas con la lectura.**

  1. Tanto monta.
  2. Una, grande, libre.
  3. En sus dominios no se ponía el sol.
  4. Todos a una.
  5. No ver más allá de sus narices.

E. **Temas para conversar.**

  1. Centro y periferia en España. ¿Qué une? ¿Qué separa?
  2. Discuta el mando ideal.
  3. ¿Para qué se unificó España? ¿Y otros países?
  4. ¿Qué es el particularismo? Dé ejemplos.
  5. ¿Cree que todos los países se han hecho desde fuera?
  6. ¿Se aplican las ideas de Ortega a la España de hoy?
  7. ¿Cómo ha hecho y deshecho Castilla a España?
  8. ¿Hay otra España posible, no castellana?

F. **Comentario especial.**

  1. Diferencia entre *grande* y *magno*.
  2. ¿Cuál es el equivalente habitual de *vulpeja*?
  3. Explique *cariz*.

II. GRAMATICA: ESTILO INDIRECTO. SECUENCIA DE TIEMPOS

EL ESTILO INDIRECTO

1. Las oraciones complemento constituyen un caso de estilo indirecto. En vez de expresar una proposición directamente, se la subordina a un verbo de pensamiento, voluntad, dicción. Por ejemplo, frente a *hay que estudiar* se afirma *creo que hay que estudiar*. Las oraciones interrogativas indirectas también constituyen estilo indirecto: frente a *¿qué quieres?* se pregunta *dime qué quieres*.

2. Las oraciones complemento y las oraciones sujeto van unidas siempre a la principal mediante QUE. Tal conjunción es siempre obligatoria. No obstante, en la conversación, en el estilo periodístico y en las cartas informales, a veces se omite QUE: *es probable no venga.- Espera devuelvan Gibraltar*. En las complemento, es posible repetir QUE si entre la principal y la subordinada se intercala una tercera oración: *díle que si ha terminado, que venga*. En estas mismas se encuentra a veces un LO anafórico antepuesto al verbo principal: *bien lo creo que viene*. En cambio, como ya se explicó anteriormente, las interrogativas admiten varios elementos de enlace.

SECUENCIA DE TIEMPOS

3. Al poner dos verbos en relación como se viene haciendo en las oraciones subordinadas, está claro que el verbo principal condiciona no sólo el modo, sino también el tiempo del subordinado. Este condicionamiento temporal se llama secuencia de tiempos. Las reglas que lo rigen son complejas porque dependen de tres factores: el valor específico de cada tiempo, el significado del contexto y el significado del verbo regente.

Si el verbo subordinado está en indicativo, la secuencia de tiempos es prácticamente libre, es decir, puede usarse cualquier tiempo no importa cuál sea el tiempo del verbo principal. Tómese, por ejemplo, el **indefinido** de *decir*, tras él cabe construir:

le dije   *que viene*
que venía
que vino
que ha venido
que había venido
que vendrá
que habrá venido
que vendría
que habría venido

Si se cambia *le dije* por cualquier otro tiempo de indicativo, el resultado es el mismo. Naturalmente existen ciertas limitaciones que se derivan del significado del contexto. Con algunos verbos de opinión, como *creer*, si el tiempo principal aparece en pretérito indefinido, se excluyen de la proposición subordinada el presente y el futuro simple por existir incompatibilidad semántica entre una opinión pasada y un acto presente o futuro. Así no cabe decir *creí que viene hoy* ni *creí que vendrá mañana.*

4. Si el verbo subordinado está en subjuntivo, la secuencia temporal resulta un fenomeno más complejo y sujeto a limitaciones. Para facilitar su aprendizaje, muchas gramáticas dan unas cuantas reglas elementales, de inegable utilidad a cierto nivel. Resumidas, en el siguiente cuadro, son estas:

Verbo principal
en indicativo

Verbo subordinado
en subjuntivo

presente

quiero -------- presente: **que vengas**
no veo -------- perfecto: **que haya venido**

futuro simple

le diré -------- presente: **que venga**

imperfecto
indefinido
perfecto
pluscuamperfecto
condicional simple

mandaba
mandó
ha mandado
había mandado
mandaría

imperfecto: **que viniera**

5. Tales reglas no abarcan ni mucho menos todas las posibilidades que se dan de hecho. Sin matizarlas, he aquí un resumen de las mismas

PROPOSICION REGENTE: INDICATIVO	PROPOSICION SUBORDINADA: SUBJUNTIVO			
PRESENTE	PRESENTE	IMPERFECTO	**PERFECTO**	**PLUSCUAM-PERFECTO**
voluntad = quiere que otros = dudo que	vengas vaya	fuera	que hayas venido para las seis* haya ido	hubiera ido
IMPERFECTO = no creían que	esté**	estuviera		hubiera estado
PERFECTO voluntad = he permitido que otros = no ha afirmado que	entren sea	entraran fuera	haya sido	hubiera sido
INDEFINIDO percepción, opinión = no vio que otros = no sugirió que	haga	viniera hiciera	haya hecho	hubiera venido hubiera hecho
FUTURO SIMPLE = te exigirán que	pagues		hayas pagado a las seis*	
FUTURO COMPUESTO = le habrán dicho que se	examine	examinara		
CONDICIONAL SIMPLE voluntad = te aconsejaría que otros = no pensaría que	comas ocurra	comieras ocurriera	haya ocurrido	hubiera ocurrido
CONDICIONAL COMP. voluntad = habría preferido que otros = no habría creído que lo	estudies** hiciera	estudiaras		hubieras estudiado hubiera hecho
PLUSCUAMPERFECTO = había deseado que		vinieran		hubieran venido
PROPOSICION REGENTE: IMPERATIVO mandato = dígale que excusa = perdone que	entre no vaya	no fuera	no haya ido	no hubiera ido

* sólo si hay límite temporal   ** Poco frecuente

EJERCICIOS

Explique por qué no son posibles estas oraciones.

1. Creí que viene hoy.
2. Fue dudoso que estén aquí.
3. No vieron que venga otro coche por allí.
4. Les ordenó que hayan venido pronto.
5. Quiero que lo hayas hecho bien.
6. Mandaba que le hubieras ido a esperar.

Pase del estilo directo al indirecto, haciendo los cambios necesarios.

1. Nos subirá el sueldo de Navidad.
   Ha prometido que -------------------------------------.
2. Habrá sido miembro de una secta.
   Supuse que ---.
3. Llegaré en avión.
   Aseguró que --.
4. Habrá ocurrido a las seis.
   Creían que ---.
5. Se llamará Juan.
   Opinaron que ---.
6. Lloverá mañana.
   El hombre del tiempo predijo que ---------------------.
7. Cuando llegues a la estación ya se habrá ido el tren.
   Estaba seguro de que cuando llegases a la estación -------------------------------
8. Ganará mi equipo.
   Imaginé que --.
9. Se irá, si se lo ordeno.
   Insinuó que -----------------------, si se lo ordenaba.
10. Habrá aprobado el curso.
    No dudaba de que -----------------------------------.

Escoja el tiempo adecuado de indicativo o subjuntivo o, de los varios posibles, el que le parezca más apropiado, justificando su elección.

1. El jefe no afirmó que su decisión *significar* su expulsión inmediata.
2. El coronel ordenó que el regimiento *salir* mañana de maniobras.
3. El papa quiso que los pobres *estar* cerca de él.
4. El chico no dijo que *estar* aquí esta mañana.
5. Nunca mi hijo deseó tanto que sus abuelos le *dar* un regalo.
6. Ya les he dicho a los estudiantes que *entrar* en clase.
7. El político ha protestado de que le *acusar* sin motivo.
8. Ha sido muy beneficioso para él que *venir* a especializarse a París.
9. Nunca me manifestaste que te *molestar* mi actitud en el pasado.
10. Como está tan pálido, le habrán mandado que se *hacer* un examen médico.

11. Si me pides consejo, te diría que no *ir* mañana a la fiesta con ese tipo.
12. Os ruego que, cuando ella *llegar,* me *avisar.*
13. No habría querido nada más que mi hijo *estudiar* para médico.
14. Aquella ley había permitido que España no se *estancar* durante la dictadura.
15. Lamento que no *acudir* ayer a mi llamada.
16. Siempre temíamos que ese servicio no *traer* bastante comida para la fiesta.
17. Había deseado la abuelita que todos la *acompañar* en su cumpleaños.
18. Quiero que *terminar* todos el examen antes de las siete.
19. Se supone que para las cinco ya *acabar* de pintar el coche.
20. No aseguraría que *pasar* ya el tren de las cinco: lleva retraso.
21. Sería curioso que, tras tanto esfuerzo, no se *casar* con ella.

Transforme al estilo indirecto las siguientes proposiciones. Introduzca los cambios necesarios.

1. Le ordenaron: arranca.
2. Le dijeron: vuelve a tu casa.
3. Decido: págame ahora.
4. La ley decreta: no adelantar en curva.
5. El filósofo aconsejaba: conócete a ti mismo.
6. Responderéis: nadie lo sabe.
7. Han propuesto: votad por el mejor.
8. Le pidió: tráeme caramelos.
9. Es una pena: nadie lo sabe.
10. El ladrón exigió: dame el dinero.
11. No sé: me voy o me quedo.
12. Lo honesto es: obedece a tu conciencia.
13. Está claro: no viene
14. Es preciso: paga tus deudas.
15. Es una estupidez: hace tonterías.
16. Me complace: ustedes se portan bien.
17. Resultó: no lo hizo.
18. Vale la pena: gana mucho dinero.
19. Parece claro: todos lo ignoran.
20. No lo admite: es el asesino.
21. No se imaginaba: todos lo sabían.
22. Temen: el equipo no pagará.
23. Dudo: voy o no voy.
24. Me alegra: ha aprobado.
25. Lo anhelo: venid pronto.
26. Lo hizo: plantaron árboles.
27. Se convenció: no servía de nada.
28. Fue una lástima: no había nadie.
29. Le duele: su marido está enfermo.
30. Le rogaron: protégenos.
31. Lo consiguió: le dieron el puesto.
32. Pensé: no me oirán.

33. Me pregunto: ¿quién es?
34. Nos contó: fui al cine anoche.
35. Es verdad: no tiene dinero.
36. Lo sentimos: os hemos molestado.
37. Lo veo: viene otro coche.
38. Se empeñó: es así.
39. No afirma: es falso el documento.
40. No niega: lo mató.

Identifique en este texto formas de estilo indirecto y trate de caracterizarlo. Señale también el modo verbal usado.

Y que las flores, allá penas, ya podía fastidiarse la cosecha de flores, -discutía en un bar de la carretera un camionero de Aragón. Qué gracia, que a ver si con el frío tenía perdido el sentido común. Un tercero salió con que no sería extraño, con que si aquellos fríos exagerados traían a la gente trastornada... De nuevo, el de Aragón, que por las flores era una pajarada andar llorando... El barman no podía estar conforme, y que las flores podían ser un lujo para aquél que las compra; pero que no lo era para quien las produce.

Conque acuden a él y le hablan, esas preguntas que se hacen, sobre qué había pasado, si estaba herido a lo mejor. Y él no los mira siquiera... y ya por fin les suelta una arrogancia, pues sí, que enganchasen las bestias al camión.

Y más allá se toparon con otro camión y le hacen señas de que pare... Se apean los del camión y que vaya por Dios, pues cómo habrá volcado de esta forma.

Claro que sí, que se marchen, -dijo, que no tenían necesidad de padecer el frío; que lo dejasen, que él ya lo pasaría tal como a él solo le pertenecía. Y la señora que cómo pretendían que se marchasen tranquilos; que no se podían marchar en modo alguno... Estaba tiritando y ya sacaba una voz disminuída, que siguieran su viaje, que comprendiera que él no podía cogerle las galletas; que por él no tuviesen cuidado, que helarse no se helaba... que el hombre no se hiela porque si no a ver quién queda para sufrir el castigo del frío.

Los policías se dirigen a él y que vamos, que se levantase, que el día no estaba para bromas, y que se metiese en otro camión que a por el suyo ya mandarían una grúa. El maño se revuelve, que allí la mala sombra lo había revolcado y de allí no daría un paso más.

RAFAEL SÁNCHEZ FERLOSIO, *Y el corazón caliente*

III. REPASO: MODISMOS CON *SER* Y *ESTAR*

Use estos modismos en un contexto que deje claro su significado.

1. Estar a la muerte = muy grave.
2. Estar a oscuras = sin luz.
3. Estar a lo que salga = aceptar cualquier oportunidad.
4. Estar a la vista = ser evidente.
5. Estar a la luna de Valencia = sin dinero; sin conocimientos de algo.
6. No ser para tanto = no ser tan importante o decisivo.
7. No ser para menos = ser importante.
8. Ser para poco = de escasa utilidad.
9. Ser para eso y mucho más = muy capaz de hacer algo; justificación.
10. No estar el horno para bollos = la situación no es adecuada.
11. Estar para pocas fiestas = estar enfadado; cansado.
12. Estar para el arrastre = muy cansado o deprimido.
13. Ser de risa = muy ridículo.
14. Ser de ver = digno de ver.
15. Ser del caso = pertinente.
16. Ser de veras; ser de broma = ser en serio; ser en juego.
17. Estar de palique = hablando.
18. Estar de luto = de duelo por un muerto.
19. Estar de prisa = tener prisa.
20. Estar de risa = ridículo.
21. Estar de pena = que causa lástima.
22. Estar de morros = enfadado.
23. Estar de suerte.
24. Estar de bote en bote = muy lleno.
25. Estar de más = estorbar; no hacer falta.
26. Estar en lo cierto = tener razón.
27. Estar en guardia = prevenido.
28. Estar en blanco = ignorar.
29. Estar en la luna; en las nubes; en Babia = sin conocimiento de algo.
30. Estar hasta la coronilla = harto.

IV. CABOS SUELTOS : EL HABLA ARGENTINA

Identifique rasgos argentinos en este fragmento de *El hombre de la esquina rosada*, cuento de Jorge Luis Borges. Compárelos con rasgos del habla popular.

En eso me pegaron un codazo que jue casi un alivio. Era Rosendo, que se escurría solo del barrio.

- Vos siempre has de servir de estorbo, pendejo - me rezongó al pasar, no sé si para desahogarse, o ajeno. Agarró el lado más oscuro, el del Maldonado; no lo volví a ver más.

Me quedé mirando esas cosas de toda la vida -cielo hasta decir basta, el arroyo que se emperraba solo ahí abajo, un caballo dormido, el callejón de tierra, los hornos- y pensé que yo era apenas otro yuyo de esas orillas, criado entre las flores de sapo y las osamentas. ¿Qué iba a salir de esa basura sino nosotros, gritones pero blandos para el castigo, boca y atropellada no más? Sentí después que no, que el barrio, cuanto más aporriao, más obligación de ser guapo. ¿Basura? La milonga déle loquiar, y déle bochinchar en las casas, y traía olor a madreselvas el viento. Linda al ñudo la noche. Había de estrellas como para marearse mirándolas, unas encima de otras. Yo forcejiaba por sentir que a mí no me representaba nada el asunto, pero la cobardía de Rosendo y el coraje insufrible del forastero no me querían dejar. Hasta de una mujer para esa noche se había podido aviar el hombre alto. Para ésa y para muchas, pensé, y tal vez para todas, porque la Lujanera era cosa seria. Sabe Dios qué lado agarraron. Muy lejos no podía estar. A lo mejor ya se estaban empleando los dos, en cualesquiera cuneta.

Cuando alcancé a volver, seguía como si tal cosa el bailongo. Haciéndome el chiquito, me entreveré en el montón, y vi que alguno de los nuestros había rajado y que los morteros tangueaban junto con los demás. Codazos y encontrones no había, pero sí recelo y decencia. La música parecía dormilona, las mujeres que tangueaban con los del Norte, no decían esta boca es mía.

Yo esperaba algo, pero no lo que sucedió.

Ajuera oímos una mujer que lloraba y después la voz que ya conocíamos, pero serena, casi demasiado serena, como si ya no juera de alguien, diciéndole:

-Entra, m'hija -y luego otro llanto. Luego la voz como si empezara a desesperarse.

-¡Abrí te digo, abrí guacha arrastrada abrí, perra! se abrió en eso la puerta tembleque, y entró la Lujanera, sola. Entró mandada, como si viniera arreándola alguno.

-La está mandando un ánima- dijo el Inglés.

-Un muerto, amigo -dijo entonces el Corralero. El rostro era como de borracho. Entró, y en la cancha que le abrimos todos, como antes, dio unos pasos mareados -alto, sin ver- y se fue al suelo de una vez, como poste.

Pendejo = tonto, estúpido
Bochinchar = armar ruido, jaleo
Rajar = irse

Yuyo = yerba silvestre
Hacerse el chiquito = pasar desapercibido
Guacha = sin padre conocido

15

MEXICO
La ciudad de México es la más populosa de Hispanoamérica con sus más de veinte millones de habitantes. A pesar de su extensión, aún se apiña en torno al Zócalo, su plaza central con la catedral, el palacio nacional y ruinas de un templo azteca. (Cortesía de la Embajada de México).

I. LECTURA : HISPANOAMERICA Y ESTADOS UNIDOS

El primer camino, hemos dicho, consiste en adaptar las nuevas circunstancias a la imagen del modelo, y no por eso, ciertamente, América deja de ser sí misma puesto que cumple el programa original de su ser histórico. Ahora bien, ése fue el rumbo que, en términos generales, orientó la actuación ibérica en el Nuevo Mundo. Si se examinan los principios que la guiaron en su política colonizadora, ya en la esfera de los intereses religiosos, políticos y económicos, ya en la relativa a la organización de las relaciones sociales, se advierte que la norma consistió en transplantar en tierras de América las formas de vida europea, concretamente la ibérica. Pero lo decisivo al respecto es advertir el propósito consciente de perpetuar esas formas entendidas y vividas como entelequia histórica avalada por la voluntad divina. Esa finalidad se transparenta, no sólo, en la vigorosa e intolerante implantación del catolicismo hispánico y de las instituciones políticas y sociales españolas, sino en toda la rica gama de las expresiones artísticas, culturales y urbanas. Ciertamente, la convivencia con una nutrida población indígena, que había alcanzado en algunas regiones un alto grado de civilización, fue el mayor obstáculo para realizar en pureza aquel programa; pero, justamente, en los medios empleados para superarlo es donde mejor se aprecia la intención de adaptar las nuevas circunstancias al modelo. Efectivamente, en lugar de deshacerse del indio o simplemente utilizarlo sin mayor preocupación que la del rendimiento de su trabajo, España intentó de buena fe -pese al alud de críticas que se le han hecho- incorporarlo por medio de leyes e instituciones que, como la encomienda, estaban calculadas para cimentar una convivencia que, en principio, acabaría por asimilarlo y en el límite, igualarlo al europeo.

Siguiendo el segundo camino abierto a la realización del ser americano, el de adaptar el modelo a las circunstancias y no viceversa, la América anglosajona alcanzó las más altas cumbres del éxito histórico que sólo puede negar o regatear la pasión dictada por esa especie de resentimiento agudo que Max Scheler calificó de «existencial». Cierto que, a semejanza de la otra América, todo se inició por un trasplante de creencias, costumbres, sistemas e instituciones europeas; pero no lo es menos que, a diferencia con aquélla, muy pronto se generalizó un proceso de transformación alentado por el sentimiento de que las nuevas tierras no eran un obsequio providencial para aumento del poderío y de la riqueza de la metrópoli, sino la oportunidad de ejercer, sin los tradicionales impedimentos, la libertad religiosa y política de dar libre curso al esfuerzo y al ingenio personales. Así, dentro de un marco abigarrado de creencias, de tradiciones, de costumbres y de temperamentos radicales, los grupos que se fueron asentando fundaron, cada uno a su modo, la Nueva Jerusalén de sus preferencias. Y en la medida en que se fue penetrando y ocupando el inmenso continente, las viejas formas de vida importadas de Europa, las jerarquías sociales, los títulos nobiliarios, los privilegios de clase y, muy particularmente, los prejuicios contra los llamados oficios mecánicos y las labores agrícolas, fueron cediendo para engendrar nuevos hábitos y establecer bases no ensayadas antes de la vida comunitaria. En este programa de liberación y transformación el indígena quedó al margen por su falta de voluntad o incapacidad o ambas, de vincularse al destino de los extraños hombres que se habían apoderado de sus territorios, y si bien no faltaron serios intentos de incorporarlo y cristianizarlo, puede afirmarse que, en términos generales, fue abandonado a su suerte y el exterminio como un hombre sin redención posible, puesto que en su resistencia a mudar sus hábitos ancestrales y en su pereza y falta de iniciativa en el trabajo, se veía la señal inequívoca de que Dios lo tenía merecidamente olvidado.

En contraste violento con los ideales señoriales y burocráticos de los conquistadores y pobladores españoles, empeñados en obtener privilegios, premios, encomiendas y empleos, los hombres de la otra América elevaron a valores sociales supremos la libertad personal y el trabajo, y en vez de organizar como sistema la explotación de los nativos y de conformarse con cosechar riquezas donde Dios las había sembrado, se esmeraron en crearlas arrasando bosques, cegando pantanos y en general, transformando lo inútil en útil, lo yermo en fructífero y lo inhóspito en habitable.

Fue así, como se realizó la segunda nueva Europa; no nueva como réplica, sino como fruto del desarrollo de la potencialidad del pensamiento moderno, ya tan visible en la época en que Cristóbal Colón se lanzó al mar en busca de Asia. En la América anglosajona se cumplió la promesa que, desde el siglo XV, alentaba el mesianismo universalista propio a la Cultura Occidental. La historia de esa América es, sin duda, de cepa y molde europeos, pero por todas partes y en todos los órdenes se percibe la huella de un sello personal y de la inconformidad con la mera repetición, y allí está, como imponente ejemplo, su constitución política, europea en la doctrina, pero al mismo tiempo, atrevida y original aventura de un pueblo con legítimos derechos a la autenticidad histórica.

EDMUNDO O'GORMAN, *La invención de América*

A.   ¿Quién lo sabe?

Max Scheler
Nueva Jerusalén
Encomienda

B. **Vocabulario de la colonización. Use en una frase las palabras siguientes. Busque otras relacionadas.**

adaptar
ancestral
asentar
burocracia
colonizador
connivencia
creencia

cristianizar
entelequia
hábito
implantación
incorporar
mesianismo
metrópoli

poderío
poblador
prejuicio
racial
resentimiento
transplantar
vincular

C. **Complete con expresiones apropiadas del texto.**

1. No por eso, América ------------- ------- -------------- sí misma.
2. Esa finalidad se transparenta en toda ------------- --------- ----------- de las expresiones artísticas.
3. España intentó ------ ----------- -----------, pese ---------- ----------- de críticas que se le han hecho ---------, incorporarlo.
4. La América anglosajona alcanzó las ------ ----------- -------------- del éxito.
5. Las nuevas tierras eran la oportunidad de ejercer la libertad religiosa y de ----------- ------------ ----------- al esfuerzo.
6. El indígena ----------- ------ ----------- por su incapacidad de vincularse al destino de los extraños hombres.
7. La historia de esa América es, sin duda, de --------- ----- ----------- europeos.
8. En todos los órdenes se percibe la ---------- de un ----------- --------------.

D. **Explique estas expresiones y relaciónelas con la lectura.**

1. De tal palo tal astilla.
2. La voluntad de Dios.
3. Caérsele a uno los anillos.
4. A imagen y semejanza.
5. Genio y figura hasta la sepultura.

E. **Temas para conversar.**

1. Explique la diferencia entre adaptar las circunstancias al modelo y adaptar el modelo a las circunstancias.
2. Los españoles impusieron la implantación vigorosa e intolerante del catolicismo.
3. España incorporó al indio; Inglaterra lo eliminó.
4. Actitud española ante el trabajo.
5. Los colonos ingleses cultivaron las tierras. ¿Y los españoles?
6. ¿Cómo representan Estados Unidos la nueva Europa?
7. ¿Tiene Hispanoamérica autenticidad histórica?
8. Discuta otras diferencias entre Hispanoamérica y Estados Unidos.

F. **Comentario especial.**

1. Diferencias entre *indio, indígena, nativo*.
2. ¿Qué comprende lo *ibérico*?
3. Explique *metrópoli* en sus componentes. Forme otras palabras con ellos.

II. GRAMATICA: ORACIONES ADJETIVAS

FORMAS

1. Las proposiciones adjetivas pueden ser introducidas directamente por un pronombre relativo con o sin artículo: *quien bien te quiere, te hará llorar.- Los que hayan terminado pueden irse.*

2. También pueden depender de un antecedente, generalmente un sustantivo o expresión equivalente: *han apresado al hombre que lo mató.*

3. Así mismo se consideran adjetivas las proposiciones introducidas por un indefinido como *donde quiera que, cualquiera que, quienquiera que* y la expresión CUALQUIER(A) + SUSTANTIVO + QUE: *cualquiera que lo afirme, es un ignorante.- Te buscaré donde quiera que estés.*

4. Finalmente también funcionan como adjetivas las proposiciones introducidas por los adverbios *como, cuando, cuanto* y *donde* si equivalen *a la manera en que, el tiempo en que, todo lo que, el lugar en que* respectivamente: *ese recuerdo data de cuando tenía tres años.- Pagaré cuanto me pidan.*

5. Hay dos clases de proposiciones adjetivas, las explicativas y las especificativas. Las explicativas van separadas por una coma y contienen una razón: *usted, que es un gran estratega, conoce eso.* Las especificativas no se separan por coma y contienen una aclaración o restricción: *me gustan los vestidos que llevas.*

INDICATIVO O SUBJUNTIVO

6. Las adjetivas explicativas llevan siempre indicativo, salvo cuando expresan un deseo: *las ovejas, que son mansas, no atacan a otros animales. - Mi padre, que en paz descanse, murió hace unos años.*

7. Las explicativas llevan indicativo si el hablante las concibe como hechos, y subjuntivo, si las concibe como hipótesis o suposiciones: *es un tema en el que existe libertad de opinión.- Busco un restaurante que sirva callos.* A veces los límites son muy débiles y se emplea indistintamente uno u otro modo. Tal ocurre si en la proposición hay *raro, apenas, casi*: *Es muy raro el estudiante que no lo conoce/conozca.*

8. Aparece subjuntivo si el antecedente es una palabra o expresión negativa. Tal ocurre con *nadie, nada, ninguno, no hay, no (nunca, jamás)* seguido de *hombre, tipo, persona*: *No hay ley que haya sido más discutida.- No dijo nada que fuera interesante.- Nunca he visto persona que hable mejor.*

9. Se aplica la regla general, por el contrario, si lo negado es la proposición, no el antecedente: *no conozco una mujer que sabe/sepa hacer buenas natillas.* Y también si las palabras mencionadas en el # 8 van seguidas por DE: *no ha podido ser nadie de los que trabajan allí.- Haz que no conoces a nadie de los que te presenten.*

10. *Donde quiera* puede llevar indicativo o subjuntivo. Los otros indefinidos mencionados en # 3 prefieren subjuntivo.

EJERCICIOS

Ponga en indicativo o subjuntivo el infinitivo en cursiva. Razone su elección.

1. Vivíamos en un piso que *tener* diez habitaciones. Ya no se construyen pisos que *tener* tantas habitaciones.
2. Conozco un restaurante que *servir* cocido; pero no conozco ninguno que *servir* callos.
3. Comprasteis un tocadiscos que *tocar* discos normales. ¿No queríais uno que *tocar* compactos?
4. Allí no hay nadie que no *saber* manejar; aquí hay muchos que no *saber*.
5. No lo hizo ninguno de los que *estar* en la fiesta; lo haría alguien que *estar* fuera.
6. Es la última vez que *viajar* en tren; pero no será la última que *viajar* en avión.
7. Nunca se había fabricado un coche que *acelerar* tan rápido.
8. Apenas quedan aquí niños que no *ir* a la escuela.
9. Hoy puedes comer lo que te *apetecer* por ser tu santo.
10. Eso de que *pagar* el viernes es una trampa para calmaros.
11. El que no te *conocer*, que te compre.
12. Tendrás que arreglártelas con lo que *haber* por ahí.
13. ¿Hay aquí alguno que se *aburrir?*
14. En España es raro el tren que no se *retrasar*.
15. De cualquier modo que *tratar* el asunto, el resultado será negativo.
16. A cualquiera que se lo *contar*, se hará cruces.
17. Como quiera que lo *poner*, siempre está incómodo.
18. La bomba cayó a doce metros de donde yo *estar*.
19. Por dondequiera que tú *ir*, te seguiré.
20. Cervantes, a quien *sonreír* eterna gloria, es autor del Quijote.
21. ¿Has visto un tipo que *saber* más latín?
22. Admira la forma como Rafael *pintar* ese cuadro.
23. Es la mujer más hermosa que jamás se *ver*.
24. Eso ocurrirá cuando San Juan *bajar* el dedo.
25. El presidente, o quien *ser*, debe actuar pronto.
26. Dicen que nunca encontraron una persona que *tener* más talento.
27. No lo encontraron donde lo *dejar*.
28. Quizá lo encuentres donde te *decir* ellos.
29. Los pobres, que *ser* pacientes, aguantan eso y más.
30. Desconoce las razones por las que *poder* cambiar.
31. Casi no hay niños que no *leer* el tebeo.
32. No hay otro autor que me *gustar* más.
33. No conozco un mecánico que *arreglar* radios.
34. Haremos una exhibición que *resultar* impecable.
35. Cuéntame todo lo que *ver* tú.
36. Quienquiera que lo *decir* es un tonto.
37. Búscalo donde *estar*.
38. Los que lo *conocer*, que lo señalen.
39. Cualquier razón que *alegar* es falsa.
40. ¿Hay algo en la noticia que *manifestar* falsedad?

Identifique en el texto las oraciones adjetivas y justifique el modo usado.

En cuanto se aventura uno por el centro de la ciudad, mírese a donde se quiera, la vista cae sobre un cartel, rótulo o letrero, desde el cual se nos excita a hacer algo. Unos nos aconsejan, otros nos preguntan, los hay que nos amonestan...

Sí, es un anuncio faccioso, rebelde, satánico, un anuncio que quiere terminar nada menos que con ese delicioso producto que se llama carta. Tan santa indignación me produce que tengo hecho ánimo de formar una hermandad que recorra las calles de las ciudades y escriba los grandes letreros que digan: ¡Viva la carta!. Los que perezcan en esta contienda, que seguramente serán muchos, se tendrán por mártires de la epistolografía.

¿Porque ustedes son capaces de imaginarse un mundo sin cartas? ¿Sin buenas almas que escriban cartas, sin otras almas que las lean y las disfruten? ¿Un universo en el que todo se dijera a secas?

Escribo y escribo... a mis amigos que están muy lejos, a los que acabo de dejar. Cartas breves que están holgadas en una octavilla. Unas regocijadas, otras melancólicas, conforme al humor que me asista al levantarme...

De creer a Oscar Wilde y a los no pocos que con él opinan que la vida imita a la literatura, puede que hubiese mozo que se metiera a cómico para poder usar la carterita, y a mayorazgo que reprendiera al segundón.

PEDRO SALINAS, *El defensor*

III. REPASO: LOS TIEMPOS DEL SUBJUNTIVO

Transforme las oraciones de indicativo en otras equivalentes de subjuntivo. Observe la relación entre tiempos de indicativo y subjuntivo.

INDICATIVO	SUBJUNTIVO
1. No sé si voy hoy al cine.	No sé si...................................
2. Creo que estaré en casa toda la mañana	No creo que ....
3. Tengo un tornillo que serviría.	No tengo un tornillo que...................
4. Le dijo que iba.	Le dijo (mandar) que........................
5. Quería comprar una camisa.	..........comprar una camisa.
6. Consta que lo encontraron.	No consta que lo.............................
7. Pienso que te ha esperado mucho.	No pienso que te.............................
8. Querría pedirle un favor.	..........pedirle un favor.
9. Creo que ya vieron la película.	No creo que ya...............................
10. No sé si llegó ya.	No sé si ya....................................
11. Tal vez lo habrá terminado.	Tal vez lo....................................
12. No le dijo que había salido.	No le dijo que................................

Señale las oraciones incorrectas.

1. Si viene, me alegraré infinito.
2. Si llueva, no saldré de paseo.
3. Es como si le hable en chino.
4. Saldrán cuando amanecerá.
5. Me alegro de que estés bien.
6. Si me llamase, dile que no estoy.
7. Si no gritaras tanto, te entendiese.
8. Me gustó el discurso que pronunciara el presidente.
9. Quisiera pedirle un favor.
10. No quisiese estar en su piel.

IV. CABOS SUELTOS: EL HABLA MEXICANA

Señale palabras, expresiones, giros que le parezcan mexicanos en este texto tomado de *La región más transparente* **de Carlos Fuentes:**

Todo el olor a vómito, respiración pesada, se suspendió un segundo al frenar el camión. "¡Méee-ico!" eructó el chófer y se echó la gorra atrás. Cagarruta de pájaro embadurnada en las ventanas, y un lento removerse de los pasajeros, de pollos en huacales, de petaquillas maltratadas y zapatos descartados. Gabriel trató de limpiar el vidrio para peinarse; se acomodó la gorra de beisbolista y descolgó su saco de cuero. ¡México! A correr, ahora sí, a gastar unos pesos en un libre, y llegar pronto a la casa. Con la mano apretada sobre la cartera, Gabriel se abrió paso hasta la puerta del camión. Unas huilas se paseaban por la plaza Netzahualcóyotl con las rodillas vendadas y los tacones lodosos. "Ahora, maje, o no me vuelvas a ver". "Conmigo te acabas de criar, papacito". "Para todas traigo, putas. ¡Y pago dolaritos!" "Yes yes hazla buena pendejote sabroso". "¡Nos estuvimos mirando!", castañeaba con impaciencia los dedos. Ya mero, con el fajazo de dólares en la bolsa, y los regalos relucientes para que todos vivieran mejor. Era el primer año, y volvería todos, a como diera lugar, con la legalidad o sin ella, exponiéndose a las balas y hasta encuerado por el río. Eso, o andar de paletero en las colonias del D.F. Ya se lo decía al Tuno, cuando estuvieron juntos en la cosecha de Texas: "Y qué que no te dejen entrar a sus pinches restoranes. Voy, voy, ¿a poco te dejan entrar al Ambassador en México?" "Aquí mero; cóbrese". Tocó Gabriel la puerta de tablas, las del 28-B. "Aquí estoy con mis chivas". La mamacita con los dientes amarillos, y el viejo con su expresión de máscara de sueños, y la hermana grande, la que ya estaba poniéndose buena, y los dos niños de overol y camisetas con hoyos. "¡Gabriel, Gabriel, estás más fuerte, más hombrezote!" "Ahí les traigo a todos; anden chamacos, abran la petaca". El cuarto iluminado por velas con las estampas junto al catre de hierro. "Para ti, Pepa que ya te encontré tan tetona: esto que usan las gringas para detenérselos. Very fain". "Ah qué Gabriel tan curioso" repetía la madre una y otra vez. "Y otra gorra igual a la mía para ti, viejo, de los meros indios de Cleveland: ahí es donde se las pone de a cuatro Beto Ávila. Y para ti, viejecita: mira no más, para que ya no trabajes tanto". "¿Y qué clase de chingaderita es ésa, hijo?" "Ahoritita te enseño. Oigan, ¿y Fidelito?" "Anda de chamba, Gabriel, en casa de unos apretados. Pero explica este chisme".. "Mira: el frasquito lo pones encima de la cosa blanca; luego metes ahí los frijoles, o las zanahorias, o lo que quieras y al rato está todo bien molido, solito, en vez de que lo hagas tú". "A ver, a ver". "No, viejecita, hay que enchufarlo en la electricidad". "Pero si aquí no tenemos luz eléctrica, hijo". "Ah caray. Pues ni modo viejecita, así, como metate. Úsalo así. Qué remedio. ¡A ver, traigo filo! ¿Dónde andan las tortillas?"

16

CONGRESO DE LOS DIPUTADOS
El edificio del Congreso de los Diputados fue construido a mediados del siglo XIX por el ar-
quitecto Narciso Pascual y Colomer en estilo neoclásico y levantado sobre la antigua Iglesia
del Espíritu Santo. Se le conoce con el nombre de Las Cortes.

I. LECTURA: LA ESPAÑA DE HOY. ASI SE HIZO

En efecto, el 3 de julio de 1976, el rey designaba como jefe de Gobierno a un joven político poco conocido, Adolfo Suárez, que había asumido responsabilidades en el seno del «movimiento» falangista. Fue él, sin embargo, quien rápidamente anunció una reforma política real, una amnistía y unas elecciones. Votada por las Cortes existentes, la reforma preveía la elección de unas Cortes Constituyentes; una fracción del Senado (40 miembros) sería nombrada por el rey. La reforma se sometió (15 de diciembre de 1976) a un referéndum, método de consulta utilizado ya por Franco, y que parte de la oposición pretendió rechazar. Pero, ¿cómo negarse a elecciones libres? Hubo un 23 % de abstenciones, un 94 % de «sí»; lo sorprendente fue el débil porcentaje de los «no» preconizados por los franquistas intransigentes (2,6 %).

Las elecciones, el 15 de junio de 1977, eran muy esperadas. No produjo sorpresa la polarización de la derecha moderada en torno al jefe del gobierno y a su Unión del Centro Democrático (166 escaños, más 23 de los grupos próximos); más inesperado fue el éxito del joven Partido Socialista Obrero Español (118 escaños, más 6 del Partido Socialista Popular). Pero lo más sorprendente fue el fracaso total del señor Fraga Iribarne, quien, decepcionado por su salida del Gobierno en julio de 1976, había creído reagrupar a la derecha en su Alianza Popular (sólo 16 diputados), y el escaso éxito (sólo 9,6 %) del Partido Comunista que, por una parte, había querido dar una imagen tranquilizadora y, por otra, había reunido a masas entusiastas alrededor de sus líderes regresados del exilio, Santiago Carrillo y Dolores Ibárruri.

Pero quizá la sorpresa mayor fue la de la fisonomía regional del escrutinio. En Cataluña, los comunistas (PSUC) rozaron el 20 % de los votos, y los socialistas el 30 %; todos los partidos se habían pronunciado enérgicamente por la autonomía; pero ni los catalanistas moderados ni los viejos partidos de antes del 36 consiguieron los votos previstos.

Cataluña mostraba, una vez más, su fisonomía particular, y la función de su estructura social, ahora ya muy poco campesina y progresivamente obrera. El 11 de septiembre de 1977, a raíz de la tradicional conmemoración del asedio de 1714, una manifestación monstruo agrupó, en las calles de Barcelona, a inmigrantes y catalanes de origen en la reivindicación del Estatuto de Autonomía. Este conjunto de hechos decidió al gobierno y al rey a un gesto, una vez más, inesperado: el restablecer simbólicamente la Generalitat y reclamar, para encabezarla, al presidente Josep Tarradellas, uno de los hombres que, en el exilio, había mantenido con mayor firmeza el principio de su legitimidad como sucesor de los presidentes Maciá y Companys. Claro está que la opinión general consideró tal cosa como una maniobra del Gobierno contra la orientación claramente «de izquierda» de Cataluña. Pero se estableció una colaboración entre el presidente Tarradellas y los elegidos por los partidos. Y no hay que olvidar que su retorno significaba la renuncia del nuevo régimen a la doctrina, oficial durante cuarenta años, de la no legitimidad de los poderes republicanos. Es de toda evidencia que las verdaderas dificultades se centrarán, como en 1931-1932, en los problemas concretos: contenido del Estatuto, transferencia de los poderes, concesión de medios materiales.

El otro punto delicado, en la reestructuración política, se encuentra en el País Vasco. También aquí es evidente que Madrid, dispuesta a todas las concesiones de tipo «regionalista», muestra una mayor reticencia cuando los problemas adquieren un sentido «nacional». Navarra, profundamente transformada, ¿se contentará con sus privilegios tradicionales, o se sumará a la exigencia nacionalista del País Vasco? La rama militar de ETA, no aprobada pero no rechazada por la opinión popular, que no olvida a sus mártires, ¿mantendrá su independentismo armado? Los restantes autonomismos (Galicia, Andalucía, Aragón, Países Catalanes fuera del Principado) constituyen grados tan diversos que una solución global será difícil. Y, sin embargo, existen.

No olvidemos las dificultades económicas, la «crisis» coyuntural. Devaluación, empréstitos, no son más que paliativos. La inflación es una de la más fuertes de Europa. El «Pacto de la Moncloa» ha comprometido a todos los partidos parlamentarios, incluidos los comunistas, a repartir equitativamente los sacrificios entre todas las clases sociales. Pero ¿qué quiere decir equitativo? ¿Qué pensarán sobre esto los obreros, los parados? Y, si se aplica una auténtica justicia fiscal, ¿el descontento no alcanzará también a las empresas en crisis? Ni la lucha de clases, ni las conmociones coyunturales del capitalismo desaparecen mediante acuerdos políticos tomados por arriba. Y uno no puede dejar de plantear algunas cuestiones: ¿Quién cree gobernar y quién gobierna en realidad? ¿Qué quieren las masas, los grupos, los hombres? ¿Aspiran sólo al cambio político o, *también*, al cambio *social*? ¿Solamente a la libertad o, *también*, a la *igualdad*? ¿Solamente a las «autonomías» regionales o, también, a través de ellas, a una federación de socialismos? ¿Quién sueña en la revolución y quién en la distribución de carteras ministeriales? Se inicia una nueva batalla, parecida -demasiado parecida- a las de 1931, 1934 y 1936. Afortunadamente, la historia nunca se repite.

PIERRE VILAR, *Historia de España*

A.   ¿Quién lo sabe?

Estatuto de Autonomía
País Vasco
ETA

B. Vocabulario institucional. Use en una frase las palabras siguientes. Busque otras relacionadas.

Alianza	Cortes	Falangista	Legitimidad
Autonomía	Democrático	Generalitat	Pacto
Centro	Derecha	Independentismo	Senado
Comunista	Elección	Izquierda	Socialista

C. Complete con expresiones apropiadas del texto.

1. Lo sorprendente fue el -------------- -------------- de los «no».
2. La sorpresa mayor fue la de --------- ----------- ----------- del ----------.
3. Una ----------- ----------- agrupó a inmigrantes y catalanes en la ----------------
    del -------------- ------ -------------------------.
4. El otro punto delicado en la -------------- -------------- se encuentra en el País
    Vasco.
5. La rama militar de ETA, no ------------- ------ ----- ----------------, ¿mantendrá
    su independentismo armado?
6. Devaluación, ----------------, no son más que ----------------------.
7. Ni las luchas de clase ni las ---------------- -------------- del -------------- despare-
    cerán mediante acuerdos políticos.
8. ¿Quién sueña en la revolución y quién en la ---------------- de ------------ ----------?

D. Explique estas expresiones y relaciónelas con la lectura.

1. De estos polvos vienen estos lodos.
2. Corte y villa.
3. Cantar victoria.
4. La fuerza de la opinión.
5. Refrendar en las urnas.

E. Temas para conversar.

1. El fascismo español. Franco y la Falange.
2. Partidos políticos españoles.
3. Importancia de las regiones.
4. ¿Qué son las autonomías? ¿Cuántas hay?
5. ¿Cuál es el problema catalán?
6. ETA y el País Vasco.
7. Problemas económicos.
8. ¿Cómo es la España de hoy en comparación con lo discutido en el artículo?

F. Comentario especial.

1. *Referéndum* es una palabra latina. Busque otras muy usadas.
2. Sentido de la palabra *masa*. Explique su aplicación social y política.
3. Manifestación *monstruo*. Busque palabras semejantes usadas como calificativos.

II. GRAMATICA: ORACIONES TEMPORALES CONJUNCIONES

1. ANTES (DE) QUE: acción subordinada posterior a acción principal.

2. APENAS,DESPUES (DE) QUE, EN CUANTO, LUEGO QUE, TAN PRONTO COMO, ASI QUE, UNA VEZ QUE, NO BIEN, NADA MÁS QUE: acción subordinada anterior a la principal.

3. DESDE QUE, HASTA QUE, A QUE: comienzo o término de acción.

4. CUANDO,MIENTRAS,AHORA QUE, A MEDIDA QUE, CONFORME, A LA VEZ QUE, EN TANTO QUE: acción subordinada simultánea de la principal.

5. CADA VEZ QUE, SIEMPRE QUE: acción subordinada simultánea de la principal y además necesaria.

INDICATIVO O SUBJUNTIVO

6. ANTES DE QUE requiere siempre subjuntivo: *antes de que lo hagan, adviérteles de las consecuencias.* Y admite cualquier tiempo.

7. AHORA QUE y DESDE QUE requieren siempre indicativo: *desde que toma antibióticos, está mejor.- Ahora que lo sé, no me importa.*

8. En los demás casos, se usa indicativo con acciones reales u ocurridas en el presente o en el pasado: *cuando sale el sol, cantan los pájaros.- Mientras lo hizo, no pasó nada.* Se usa el subjuntivo con acciones hipotéticas o futuras: *apenas llegue, le daremos la sorpresa.*

9. Cuando se usa subjuntivo, los tiempos empleados son el presente y el perfecto. El primero indica futuro: *come cuanto te dé la gana.* El segundo indica futuro, pero con acción acabada en relación a otro futuro: *cuando lo hayáis visto, debéis dejar el puesto a otros.*

10. El imperfecto y pluscuamperfecto de subjuntivo se usan en estructuras complejas en que intervienen tres o más verbos: *le dijo que, cuando llegaran, le avisasen.* Se trata de estilo indirecto. También aparecen si el verbo principal va en condicional o en imperfecto de cortesía: *dispararían cuando empezase a hablar.- Podía verlo cuando quisiera.*

11. Algunas de estas construcciones pueden transformarse en otras de infinitivo: *después de comer, se fueron de paseo.- Corrieron hasta agotarse.* Ocurre con las conjunciones que llevan QUE, excepto *así que, una vez que, desde que, ahora que, siempre que* y otras menos frecuentes. También ocurre con *apenas.*

OTRAS ESTRUCTURAS TEMPORALES

Hay varias maneras de expresar la extensión en el tiempo.

12. HACE QUE, HACÍA QUE = DESDE HACE, DESDE HACÍA. Se emplean cuando se implica una cantidad definida (dos, cinco) o indefinida (varios): *Hace dos años que estudio español = estudio español desde hace dos años.*

13. DESDE se emplea cuando no se implica una cantidad: *no lo veo desde junio.- No han parado de trabajar desde ayer.* DESDE QUE se usa si sigue una proposición: *no ha vuelto desde que lo expulsaron.*

14. LLEVAR SIN tiene sentido negativo: *lleva dos años sin trabajar = no trabaja desde hace dos años.* LLEVAR + GERUNDIO expresa extensión temporal si le acompaña una expresión como las mencionadas: *llevamos tres meses levantándonos a las tres.*

EJERCICIOS

Ponga en indicativo o subjuntivo el infinitivo en cursiva. Cuando sea posible suprima QUE y construya una estructura en infinitivo.

1. Avisaron al hotel antes de que *estallar* la bomba.
2. Lo adivino antes de que me lo *contar* los demás.
3. Desde que me *enamorar* de ti, no puedo dormir.
4. Han pasado siete años desde que ese director *hacer* su última película.
5. Ahora que nos *conocer* bien, podremos ser buenos amigos.
6. Así se fueron los años hasta que su novio *volver* del extranjero.
7. No pararé de preguntar hasta que tú me lo *decir.*
8. Decidió no pegar un solo tiro hasta que *caer* La Habana.
9. Cuando (yo) *entrar* en tu casa, daba la una.
10. Le dijo a su mujer que, cuando *empezar* las noticias, lo avisara.
11. Hazlo cuando *querer.*
12. Hubo grandes manifestaciones cuando *venir* el Papa.
13. Los vendía a medida que los *terminar.*
14. A medida que (vosotros) *ir* acabando, firmad e idos.
15. Tuvo un atentado apenas *llegar.*
16. Les serviremos la comida apenas *despegar* el avión.
17. Tan pronto como él *bajar* del aparato, fue saludado por el Presidente.
18. Les prometió que, tan pronto como *poder,* les pagaría los atrasos.
19. La llamará tan pronto como *llegar* al aeropuerto.
20. Lo tienen detenido en cuanto que se *esclarecer* las circunstancias.
21. En cuanto yo lo *saber,* te informo.
22. Hablaremos de ese asunto después de que (tú) *llegar* aquí.
23. Después de que mi madre *caerse,* no ha tenido día bueno.

24. Mientras el chico *trabajar,* no hay que preocuparse.
25. Mientras *recoger* (tú) las maletas, voy a poner gasolina.
26. Mientras ellos *dejar* en paz al gobierno, la policía no los molestaría.
27. Podía hablar lo que quisiera mientras no *faltar* al respeto.
28. El jefe les ordenó que, siempre que *oír* algo raro, le despertasen.
29. Les dijo que, cada vez que *aparecer* un turista, lo agasajaran.
30. Le extrañaba que, siempre que la *llamar,* respondía su madre.
31. Me dijo que le gustaría que, mientras sus padres *permanecer* en la ciudad, no nos viéramos.
32. Se pondrá en camino así que *salir* el sol.
33. Afirmó que se compraría un coche tan pronto como *bajar* los precios.
34. Tuvieron que esperar a que *anochecer* para infiltrarse.
35. Fusilaban a los prisioneros conforme *salir* al campo.
36. Una vez que nosotros *conocer* los resultados, tomaremos una decisión.
37. No hay remedio una vez que (vosotros) ya lo *hacer.*
38. A la vez que *comprar* el pan, tráeme el periódico.
39. No bien *acabar* con ese edificio, empezarían otro.
40. Te enamorarás de él nada más lo *ver.*
41. Te han esperado hasta que se *cansar.*
42. Recuérdales que cuando ellos *venir,* no dejen de traer lo prometido.
43. Siempre que *recibir* carta tuya se pone contenta.
44. Llegaréis a tiempo siempre que no os *detener* mucho en el camino.
45. El Papa afirmó que, mientras *existir* opresión, habrá esa teología.
46. Nada más *ver* a su papá, le echó los brazos al cuello.
47. No será feliz hasta que no *resolver* sus problemas.
48. Erais conscientes de que no respondería cuando vosotros le *atacar.*
49. Iremos al museo una vez que vosotros *llegar* a Madrid.
50. Comprenderéis que no se podrá hacer nada mientras vosotros *seguir* aquí.

Transforme las proposiciones siguientes en otras equivalentes. Diga luego qué tipo de pregunta habría que formular para obtener como respuesta las proposiciones dadas.

Modelo: hace dos años que lleva luto = *lleva luto desde hace dos años. ¿Desde cuándo lleva luto? ¿Cuánto tiempo hace que lleva luto?*

1. Te estoy esperando desde hace una hora.
2. Hace tres años que vivo aquí.
3. No la ha visto desde hace varios años.
4. Estaban deseando casarse desde hacía un año.
5. Hacía más de tres años que no se compraba un traje.
6. Hacía siglos que no se hablaban.
7. Llevaba viviendo en la misma casa desde hace quince años.
8. Llevaba sin trabajar desde que le dio el infarto.
9. Hace muchas semanas que no viene por aquí.
10. No había vuelto a publicar desde hacía un par de años.

Complete la pregunta y respóndala con la expresión indicada.

1. ¿Cuánto tiempo hace que --------------? Tres años.
2. ¿Cuánto llevas sin ----------------? Desde que se marchó.
3. ¿Cuánto tiempo hacía que --------------? El verano pasado.
4. ¿Desde cuándo no ----------------? Ayer.
5. ¿Desde hace cuántos días ------------------? Quince días.
6. ¿Hace mucho que --------------------? Medio año.
7. ¿Hacía mucho que ------------------? Junio.
8. ¿Cuánto tiempo llevaba repitiendo ---------------? Todo el año.

Identifique en este texto las estructuras temporales y justifique su construcción.

Aquella misma noche se partió Augusto de esa ciudad de Salamanca adonde vino a verme... Empezó a devorar el jamón dulce... Se comprende que una pareja de condenados a muerte, antes de morir, sientan el instinto de sobrevivirse, reproduciéndose; pero ¡comer!. Aunque sí, sí, es el cuerpo que se defiende. El alma, al enterarse de que va a morir, se intristece; pero el cuerpo entra en apetito furioso.

-Y ahora, tráeme un pliego de papel. Voy a poner un telegrama que enviarás a su destino así que yo me muera... En cuanto me muera, lo envías ¿eh?.
-Y ahora, Domingo, ve diciéndome al oído el padrenuestro. Así, así, poco a poco... - y después que lo hubo repetido mentalmente -: ahora, mira, cógeme la mano... Ahora déjame, déjame a ver si duermo.
-Sí, mejor es que duerma, le dijo Domingo, mientras le subía el embozo de las mantas.
-Sí, durmiendo se me pasará.
-Bueno, déjese de esas cosas. Todo eso no son sino cosas de libros.
-Cosas de libros. ¿Es que antes de haber libros en una forma u otra, antes de haber relatos, había algo? ¿Y es que después de acabarse el pensamiento quedará algo?
-Bueno, déjele en paz a ese señor, que se muera cuando Dios lo haga y usted a dormirse.

Cuando llegó el médico se imaginó al pronto que aún vivía; pero pronto pudo convencerse de la triste verdad.

Cuando recibí el telegrama comunicándome la muerte del pobre Augusto, me quedé pensando en si hice o no bien... A poco de haberme dormido se me apareció Augusto en sueños y me dijo:
-No se sueña dos veces el mismo sueño... Ahora, ahora que está usted dormido y soñando, vuelvo a decirle: mire usted, mi querido don Miguel, no vaya a ser usted el ente de ficción... Y luego, cuando usted se muera del todo, llevemos su alma nosotros.

MIGUEL DE UNAMUNO, *Niebla*

III. REPASO: EL INFINITIVO

En determinadas circunstancias, como se ha visto, el infinitivo puede reemplazar a una oración subordinada. Resumidas, son las siguientes:

1. PROPOSICIONES NOMINALES SUJETO

    a) subordinada impersonal: *es peligroso asomarse.*
    b) mismo sujeto: *me gusta nadar.*
    c) verbo de interés: *te importa callar.*

    PROPOSICIONES NOMINALES DE COMPLEMENTO

    a) mismo sujeto: *creo estar acertado.*
    b) verbos de doble complemento: *veo nadar a Pedro.- Oigo venir un auto.- Hace llorar las piedras.*

Transforme las proposiciones siguientes en otras de infinitivo. Haga para ello todos los cambios necesarios.

1. Es imprescindible que se lleve corbata.
2. Es peligroso que se saque la mano.
3. Puede que nieve mañana.
4. Nos fastidia que tengamos que trabajar el domingo.
5. Convendría que no hicieras eso.
6. Vale más que no os precipitéis en ese asunto.
7. Oían que un pájaro cantaba.
8. Ven que viene un avión.
9. Le habían aconsejado que cambiase de trabajo.
10. Hizo que todos jugaran bien.
11. Decide pronto cómo se hace.
12. No explica cómo se demuestra el problema.
13. El cartel prohibe que las mujeres entren en la iglesia sin mantilla.
14. Es lástima que no se pueda ir.
15. Te aconsejo que tomes aspirina si tienes fiebre.
16. Os conviene que vayáis pronto.
17. Importa mucho que no cometas esa imprudencia.
18. Ordenó a los soldados que dispararan.
19. ¿Me dejas que te acaricie?
20. La policía le ayudó a que recuperara su coche.

IV. CABOS SUELTOS: UN POCO DE HUMOR

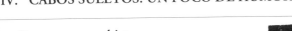

Comente estos chistes

Muy Interesante, Febrero 1988

ABC Internacional, 4 enero 1987

17

LA SEAT
La SEAT o Sociedad Española de Automóviles representa un esfuerzo español de una indus-
tria nacional. Hace muchos años lanzó un modelo muy popular y barato, «el seiscientos», que
permitió comprar coche a las clases medias. Hoy es un consorcio de Volkswagen.

I. LECTURA: LA ESPAÑA DE HOY. UN PROBLEMA LABORAL

El gobierno, a través del «contrato basura», va a convertir España en un país de aprendices. «Mejor es esto que nada», afirman los trovadores del «felipismo» que, después de suspirar melancólicamente, añaden: «Hay que preocuparse de la juventud». Los padres estarán exultantes viendo cómo sus hijos les reemplazan en sus puestos de trabajo; eso sí, cambiarán un jornal de 120.000 pesetas por otro de 39.000.

De ahora en adelante todos vamos a ser aprendices. Aprendices de parados. Porque los que hoy suscriben ese «contrato basura» pasarán al paro tan pronto como se extinga el plazo, y serán sustituidos por otro aprendiz. Naturalmente no tendrán derecho al seguro de desempleo y, de otra forma, con un poco de suerte y otro poco de imaginación, hasta pueden descender las estadísticas del paro.

El problema de este país es que siempre ha estado lleno de aprendices…, de aprendices de empresarios. Y, como son aprendices, para que sean competitivos hay que «ponérselas como a Felipe II», es decir, los salarios por los suelos; despedir tan pronto como se tenga la mínima dificultad o no nos guste el trabajador y, desde luego, nada de cargas sociales (a 3.500 el aprendiz). ¡Que las asuma el estado! Pero, ¿están ustedes seguros de que quieren ser competitivos? Porque en ciertas ocasiones se tiene la sospecha de que para algunos esto de no ser tan competitivos es un auténtico «chollo». Tranquilos, que estamos en un gobierno de izquierdas. Es más, como dice Corcuera, he aquí el genuino pensamiento progresista, porque pensar como se pensaba hace veinte años es reaccionario. Aunque uno más bien cree que lo reaccionario es pensar como pensaban hace veinte, cuarenta o cien años los reaccionarios.

Como somos aprendices, estamos descubriendo el Mediterráneo y retornando a los orígenes, que no es evolución, sino involución. Y ahí tenemos al aprendiz Solchaga, copiando a Schumpeter y afirmando que la crisis puede ser positiva. Igual que hace setenta años. Suponen que las crisis son como las saunas, sirven para eliminar toxinas; que son como la medicina de los antiguos galenos, que a base de sangrías expulsaban los malos humores del organismo. La crisis va a ser beficiosa (sobre todo para algunos), va a servir para limpiar el sistema económico de antiguos prejuicios laborales y sociales.

Como somos aprendices nos olvidamos de que existió Keynes y gracias a que desmontó el pensamiento anterior se superó aquella crisis del 29; no recordamos que, bajo los nuevos postulados, el capitalismo fue lo suficientemente inteligente como para adaptarse y crear una situación social capaz de burlar las predicciones marxistas. Pero ahora, como es época de aprendices, queremos regresar a lo arcaico y vetusto, destruir muchos años de progreso, sin caer en la cuenta de que en estas coordenadas los análisis de Marx adquieren otra vez actualidad. Mira por donde Guerra va a tener otra vez razón.

JUAN F. MARTÍN SECO, *«Un país de aprendices», El Mundo*, 5 diciembre 1993

A. ¿Quién lo sabe?

Felipe II
Keynes
Marx

B. **Vocabulario laboral. Use en una frase las palabras siguientes. Busque otras relacionadas.**

Aprendiz	Desempleo	Laboral	Predicción
Capitalismo	Empresario	Marxista	Puesto
Competitivo	Involución	Parado	Seguro
Contrato	Jornal	Paro	Trabajo

C. **Complete con expresiones apropiadas del texto.**

1. El Gobierno, a través del ----------- ---------- va a convertir España en un país de aprendices.
2. Mejor es esto que nada, afirman los -------------- ----- ---------------.
3. De esta forma, con ------ ---------- ------ --------- y otro ---------- ---- ----------, pueden descender las estadísticas del paro.
4. Para que sean competitivos hay que ----------- ---------- ---- ----------------.
5. Desde luego, nada -------- -------------- ----------------.
6. Como somos aprendices, estamos --------------- -------- ---------------.
7. Las saunas sirven ------------ --------------- ------------------.
8. Ahora queremos regresar a ------ --------------- ------ ---------------.

D. **Explique estas expresiones y relaciónelas con la lectura.**

1. Descubrir la pólvora.
2. Atar los perros con longanizas.
3. Aprendiz de brujo.
4. El chocolate del loro.
5. Toma y daca.

E. **Temas para conversar.**

    1. «Contrato basura». Ventajas e inconvenientes.
    2. ¿Qué derechos conlleva el empleo?
    3. El paro. ¿Cómo lo resolvería? ¿Parados de lujo?
    4. ¿Cómo se puede ser competitivo?
    5. Marxismo y capitalismo.
    6. ¿Está muerto el marxismo?
    7. Progresistas y reaccionarios.
    8. La crisis económica.

F. **Comentario especial.**

    1. *Chollo*. Significado. Busque sinónimos.
    2. ¿En qué sentido se usa en el texto la palabra *Trovador*?
    3. ¿Por qué se llama a los médicos *galenos*?

II. GRAMATICA: CONCESION Y FIN PROPOSICIONES CONCESIVAS

1. Llevan siempre subjuntivo las intruducidas por ASÍ, A RIESGO DE QUE y SI-QUIERA: *no dirá nada así lo maten.- Quédate siquiera sea un momento.- Te lo diré aun a riesgo de que me llames pelma.*

2. Llevan siempre indicativo las introducidas por A SABIENDAS DE QUE, ESO QUE y cuando se trata de la fórmula CON + LO ADJETIVO, o SUSTANTI-VO + QUE: *come chorizo a sabiendas de que le hace daño.- Sigue haciéndolo, eso que se lo tengo advertido.- Con lo tonto que es, espera ser algo.- Con los favores que le he hecho, ni me habla.*

3. Otras conjunciones que introducen proposiciones concesivas son: AUNQUE, A PESAR DE QUE, AUN CUANDO, MAL QUE, PESE A QUE, SI BIEN. También las introduce la fórmula POR + SUSTANTIVO, o ADVERBIO + QUE. En estos casos se usa el indicativo si la objeción contenida en la concesi-va es real; subjuntivo, si es hipotética: *aunque vendré tarde, te llamaré* implica que la persona llegará tarde; *aunque venga tarde, te llamaré*, que puede venir tar-de o no; *por más que estudió, lo suspendieron.- Hazlo aunque te cueste.- Por hom-bre que sea, no lo respeto.*

4. EXCEPTO QUE y SALVO QUE, con indicativo, equivalen a conjunciones concesivas: *es buen coche salvo que gasta mucha gasolina.* Por el contrario, con subjuntivo, son condicionales y equivalen a *si no: Es buena persona excepto que pierda los nervios.*

5. Suprimiendo QUE, introducen concesivas en infinitivo A PESAR DE, A SA-BIENDAS DE, PESE A: *lo hizo a sabiendas de ofender.* También introduce concesivas AUN + GERUNDIO: *aun pagando en oro, no le compensan.*

PROPOSICIONES FINALES

6. Las proposiciones finales llevan subjuntivo y son introducidas por PARA QUE, A FIN DE QUE, A QUE, CON VISTAS A QUE, CON LA INTENCION DE QUE: *te regalaré bombones para que no me fastidies más.- Vengo a que me pagues.*

7. A QUE depende de verbos de movimiento y algunos de voluntad: *le impulsaron a que lo hiciera.- Voy a que me entreguen el análisis.* Siempre puede ser sustituido por PARA QUE.

8. Suprimiendo QUE, se construyen en infinitivo, si los sujetos son los mismos o la proposición es impersonal: *Voy al banco para pagar la cuenta.- Hay que traba-jar para llegar lejos.*

EJERCICIOS

Ponga en indicativo o en subjuntivo el verbo en cursiva. Si caben los dos modos, discuta la diferencia. Si es posible construya también concesivas y finales en infinitivo. Transforme de vez en cuando algunas concesivas a la fórmula AUN + GERUNDIO.

1. La noticia no sorprendió a nadie, aunque *ser* negada por todos.
2. No te lo daría, aunque me lo *pedir* de rodillas.
3. Respaldarán la coalición, aunque *haber* muchos traidores.
4. Aunque *dedicar* la vida a eso, no terminarías de entenderlo.
5. Aunque *venir* mucha gente, sacaron poco dinero.
6. Aunque *saber* mucho, no ha podido obtener el puesto.
7. Viene andando, aunque *poseer* tres coches.
8. La llamaba siempre por teléfono aunque *llegar* a las tres de la noche.
9. A pesar de que los jugadores *rendir* bien, el equipo no gana.
10. No se puede esquiar a pesar de que *caer* mucha nieve.
11. No te creo a pesar de que *protestar* de la verdad.
12. Lo hizo, eso que sus padres le *decir* que no lo hiciera.
13. Es una buena bebida salvo que *resultar* un poco dulce.
14. Anda esparciendo el rumor a sabiendas de que no *ser* verdad.
15. Compró acciones de eléctricas a pesar de yo le *exponer* los riesgos.
16. A sabiendas de que le *sentar* mal, siempre come bacalao.
17. Aun a riesgo de que te *enfadar*, te cuento un secreto.
18. Con lo mucho que él *viajar*, todavía es un provinciano.
19. Con el dinero que *tener*, no encuentra mujer que lo quiera.
20. Con lo responsable que *parecer*, ha hecho tal cosa.
21. Por más que te *esforzar*, no llegarás arriba.
22. Con el mucho dinero que *gastar*, siempre está fea.
23. Por más que el ministro lo *intentar*, no cedieron los huelguistas.
24. Convocará elecciones así las *perder*.
25. Quiéreme siquiera *ser* un día.
26. Por más testimonios que se *aportar* al juicio, no pasó nada.
27. Por mucho que le *pagar* ellos, nunca llegará a rico.
28. Por mucho que *correr*, no llegarás antes que yo.
29. Mal que le *pesar* a ella, tendrá que aceptar la decisión.
30. Pese a que el tiempo *ser* malo, disfrutamos mucho en el monte.
31. Le obligaron a caminar pese a que *estar* enfermo.
32. Ve a que te *dar* dinero tu abuelo.
33. Haz favores para que te los *pagar* así.
34. Le obligaron a que *firmar* ese documento.
35. Vengo a que usted me *vender* esos manuscritos.
36. Quiso nacer allí para que el mundo *ver* que no era rey.
37. Hablo despacio a fin de que vosotros me *entender*.
38. Te dieron ese puesto con vistas a que él los *servir* a ellos.
39. Exploraron su ánimo con la intención de que él *revelar* la verdad.
40. Hay que ser firmes para que nadie se *engañar*.

Identifique en este texto construcciones concesivas y finales. Justifique el modo usado.

Celedonio había mirado por el anteojo del Provisor, había él visto perfectamente a la Regenta; sí, señor, la había visto y eso que su palacio estaba en la rinconada de la Plaza Nueva.

Algunos fatuos estimaban mucho la propiedad de una casa, por miserable que fuera, en la parte alta de la ciudad... No cabe duda que don Saturnino, siquiera fuese por bien del arte, mentía no poco... En cuanto llegaba un forastero a Vetusta se buscaba una recomendación para que Bermúdez le acompañara a ver las antigüedades... Siempre parecía que iba de luto, aunque no fuera. Las muchachas de Vetusta eran incapaces de comprenderle así como él se confesaba a solas que no se atrevería jamás a acercarse a una joven para decirle cosa mayor en materia de amores.

Después de bien lavado, iba a misa a buscar al hombre nuevo que pide el Evangelio... Obdulia se animó con la presencia del Magistral de quien era hija de confesión, por más que él había procurado varias veces entregarla a don Custodio... El Infanzón dio un codazo a su mujer para que entendiera que por allí se pasaba sin hacer aspavientos.

El conjunto de su personilla recordaba la silueta de un buitre, aunque más se parecía a una urraca. Aunque era don Cayetano canónigo, considerábase digno de respeto por el don inapreciable de poeta bucólico... Había pasado el romanticismo; pero el género pastoril no había vuelto ni los epigramas causaban efecto por maliciosos que fueran.

Era un hipócrita que fingía ciertos descuidos en las formas del culto externo para que su piedad pareciese espontánea y sencilla... En una fonda de la calle Arenal tuve ocasión de conocer bien a Obdulia, a quien antes apenas saludaba aquí, a pesar de que éramos contertulios en casa del marqués de Vegallana... El Provisor no estaba allí más que para hablar a solas con don Cayetano... No era él un ignorante, ambicioso de cierto oropel eclesiástico, para que le halagasen todavía revelaciones imprudentes.

Su propósito había sido hacerse dueños de la barca una noche, aunque les riñeran en casa... pero la barca tropezó en el fondo con las piedras y por más esfuerzos que habían hecho, no habían conseguido moverla.

Era el ataque aunque no estaba segura de que viniese con todo el aparato nervioso de costumbre... Don Víctor no entraba en tales averiguaciones por más que sin querer aventuró la hipótesis de que las carnes debían de ser muy blancas... Saludó a su esposa con una sonrisa, y con majestuoso paso, no obstante calzar bordadas zapatillas, se restituyó a su habitación.

LEOPOLDO ALAS, CLARÍN, *La Regenta*

III. REPASO: PREPOSICIONES

Hay preposiciones que alternan para expresar ideas parecidas. No siempre son intercambiables. Recuerde algunos casos.

1. Con los verbos de movimiento, el término de los mismos se expresa mediante:
   A: *voy a Madrid.* Lugar de destino.
   PARA, HACIA: *voy hacia Buenos Aires / voy para Buenos Aires.* Con el significado en dirección de.
   HASTA: *llegaremos hasta Caracas.* Límite del movimiento.

2. Con los verbos de movimiento, denotan finalidad indistintamente A y PARA: *vengo a / para pedirte un favor.* A nunca remplaza a PARA en otros casos: *te apoyo para que salgas airosa.* A su vez PARA no remplaza a A con verbos como *invitar, acostumbrarse, enseñar, obligar. Os invitamos a cenar.- Nos obligaron a bajar del coche.*

3. Varias preposiciones alternan para expresar tiempo:
   A: *os esperan a cenar a las ocho.* Tiempo en que algo ocurre.
   DE: *era de madrugada, casi de día.* División del día.
   PARA: *debe estar hecho para el martes.* Fecha límite o tiempo límite. También, dirección indeterminada: *lo dejaremos para mañana.*
   EN: *vendrán a Europa en enero.- Lo detuvieron en jueves.- Los tulipanes nacen en primavera.* Tiempo definido referido a meses, días, estaciones. Contrástese con A: *es a las ocho*, que indica la hora.
   POR: *era por mayo.* Tiempo aproximado, en contraste con EN. También, duración: *estuvo en París por un año.*

4. El lugar se denota básicamente mediante EN: *lo encontraron en la maleta.- Te espero en la esquina.* Pero hay unas cuantas expresiones con A: *a la puerta, a distancia, a nivel, a la derecha, a la izquierda, a una cuadra.* Recuérdese como caso intersante la diferencia entre *sentarse en la mesa / sentarse a la mesa.*

5. PARA tiene valor concesivo ocasionalmente: *para pobre, vive muy bien.*

6. DESDE indica distancia en espacio y tiempo: *venía desde Lima.- No repartían correo desde el lunes.* DE indica origen: *salí de casa a las seis.- Proviene de noble familia.* A veces se pueden intercambiar para indicar distancia espacial: *de aquí no se ve nada / desde aquí no se ve nada.* También distancia temporal: *esa costumbre viene de la Edad Media / esa costumbre viene desde la Edad Media.* Nótese, sin embargo, que DE enfatiza el origen.

7. Hay varios modismos preposicionales que significan modo. He aquí una muestra: *a pie, a mano, de reojo, de rodillas, en serio, en broma, por avión, por teléfono.*

Complete los espacios en blanco con alguna de las preposiciones de la sección anterior.

1. El presidente se acercó ------------- la multitud.
2. Ibamos caminando ------------ la plaza cuando me caí.
3. En tres días pensamos llegar ----------- Santiago, no más allá.
4. El profesor nos obligó ------------ trabajar duro.
5. Nunca se acostumbró ----------- usar botas.
6. Te lo digo ----------- que no hagas el tonto.
7. Ve ----------- besar a tu abuelo.
8. La película empieza ------------ las siete.
9. Te veré seguro ----------- mayo.
10. No me acuerdo bien. Sería -------- agosto o tal vez ----------- septiembre.
11. Estoy muy ocupado. Mejor lo dejamos ----------- esta noche.
12. En Boston suele nevar mucho ----------- enero.
13. Permanecimos en San José ------------ dos semanas.
14. Se rompió el auto y tuvimos que seguir ------- pie.
15. Lo encontramos ---------- la vuelta de la esquina.
16. Doble ---------- la izquierda y lo verá ---------- poca distancia.
17. No viene por aquí ----------- hace un año.
18. -------------- no haber estudiado, no tiene un pelo de tonto.
19. Me miraba ----------- reojo.
20. No me lo dirás ---------- serio.

IV. CABOS SUELTOS: EL HABLA PERUANA

Analice las características del habla típica de unos jóvenes de clase acomodada de Perú tal como se refleja en este fragmento de *Los Cachorros* de Mario Vargas Llosa.

Lo veían reaparecer y venir arrastrado por la ola, el cuerpo arqueado, la cabeza afuera, los pies cruzados en el aire, y lo veíamos llegar hasta la orilla suavecito, empujadito por los tumbos.

Qué bien las corre, decían ellas mientras Cuéllar se revolvía contra la resaca, nos hacía adiós y de nuevo se arreaba al mar, era tan simpático, y también pintón, ¿por qué no tenía enamorada? Ellos se miraban de reojo, Lalo se reía, Fina qué les pasa, a qué venían esas carcajadas, cuenten, Choto enrojecía, venían porque sí, de nada y además de qué hablas, qué carcajadas, ella no te hagas y él no, si no hacía, palabra. No tenía porque es tímido, decía Chingolo, y Pusy no era, qué iba a ser, más bien un fresco, y Chabuca ¿entonces por qué? Está buscando pero no encuentra, decía Lalo, ya le caerá alguna, y la China falso, no estaba buscando, no iba nunca a fiestas, y Chabuca ¿entonces por qué? Saben, decía Lalo, se cortaba la cabeza que sí, sabían y se hacían las que no, ¿para qué?, para sonsacarles, si no supieran por qué tantos porqué, tanta mirada rarita, tanta malicia en la voz. Y Choto: no, te equivocas, no sabían, eran preguntas inocentes, las muchachas se compadecían de que no tuviera hembrita a su edad, les daba pena que ande solo, lo querían ayudar. Tal vez no saben pero cualquier día van a saber, decía Chingolo, y será su culpa ¿qué le costaba caerle alguna aunque fuera sólo para despistar?, y Chabuca ¿entonces por qué?, y Mañueco qué te importa, no lo fundas tanto, el día menos pensado se enamoraría, ya vería, y ahora cállense que ahí está.

A medida que pasaban los días, Cuéllar se volvía más huraño con las muchachas, más lacónico y esquivo. También más loco: aguó la fiesta de cumpleaños de Pusy arrojando una sarta de cuetes por la ventana, ella se echó a llorar y Mañueco se enojó, fue a buscarlo, se trompearon, Pichulita le pegó. Tardamos una semana en hacerlos amistar, perdón Mañueco, caray, no sé qué me pasó, hermano, nada, más bien yo te pido perdón, Pichulita, por haberme calentado, ven ven, también Pusy te perdonó y quiere verte; se presentó borracho en la Misa de Gallo y Lalo y Cholo tuvieron que sacarlo en peso al Parque, suéltame, delirando, le importaba un pito, buiteando, quisiera tener un revólver, ¿para qué hermanito?, con diablos azules, ¿para matarnos?, sí y lo mismo a ese que pasa pam pam y a ti y a mí también pam pam.

18

PALACIO DE EUROPA
Hemiciclo del Palacio de Europa en Estrasburgo, donde los diputados del Parlamento Europeo se reúnen 12 veces por año en sesiones de una semana. (Fotografía cedida por el Parlamento Europeo).

I　LECTURA: ESPAÑA Y EUROPA

Con notable insistencia, la propaganda de unos y la ignorancia de otros vienen coincidiendo en un punto: el día 1 de enero de 1986 España entra en Europa y se pone término así al «secular aislamiento» de nuestra nación. No han faltado quienes han retrotraído este aislamiento a los días del emperador Carlos, con lo cual, en buena lógica, debe concluirse que Felipe II no fue un monarca europeo, deducción a todas luces inadmisible que sólo cabe inferir a partir del desconocimiento de lo que Europa ha sido y en buena medida es.

Un rasgo central puede señalarse en la personalidad de Europa; su complejidad y pluralidad. De ahí que resulten tan problemáticos los intentos de definir su identidad de modo preciso. Sobre la base germinal de la gran herencia griega, romana y cristiana forma Europa pueblos de culturas específicas, imbricadas entre sí, pero con una muy fuerte originalidad. Piénsese en las cinco mayores culturas del continente: la británica, la española, la francesa, la germánica y la italiana. Sus respuestas al mundo, sus análisis de la realidad, han sido concordantes en algunos aspectos, pero muy diferentes en otros. Un hecho capital marca el destino de Europa y de sus grandes formaciones culturales: la Reforma. La división del solar europeo en dos mitades enfrentadas de manera sangrienta tendría consecuencias decisivas. Del lado reformista, Inglaterra es la abanderada de las naciones protestantes, luteranas o calvinistas que consideran la actividad comercial y el éxito en los negocios la señal inequívoca de que se está en el buen camino, incluso desde la perspectiva religiosa. Es clásica la tesis de Max Weber sobre el influjo del protestantismo en la formación del capitalismo moderno. Del lado contrarreformista, España acaudilla a las naciones que hacen de la catolicidad romana y de la subordinación a lo teológico de los negocios de este mundo el elemento aglutinante y definidor de su identidad.

Puede afirmarse que en duelo la Reforma se llevó la mejor parte al acabar imponiendo en el mundo su sistema económico-social, el capitalismo, y los principios ideológicos que le dan expresión, centrados en la defensa de la libertad del individuo y en la adopción de las formas democráticas. Pero ese duelo fue grandiosamente fecundo para la cultura europea: así, todo el gran Barroco español crece y se desarrolla en este caldo de cultivo, desde Cervantes a Velázquez, y pocos hombres han hecho tanto por el conocimiento de lo humano como el autor del *Quijote*, católico, romano y «reformista» a un tiempo.

Aunque el país atraviesa un largo periódo de postración, consecuencia fatal del ingente esfuerzo anterior, con el reinado de Carlos III España vuelve a desempeñar papeles de primer orden en la escena internacional: ayudamos así, y de modo nada irrelevante, en unión de Francia, a los Estados Unidos de América en la guerra de la Independencia. Y nuestros grandes ilustrados -Aranda, Floridablanca, Jovellanos- son rigurosa y plenamente eso que ahora se entiende por europeos. Es cierto que al declinar el XVIII el pensamiento ilustrado se bate en retirada, derrotado por ideologías absolutistas, añorantes del Antiguo Régimen. Pero, como los cotejos doctrinales han demostrado, estas ideologías son también europeas, se nutren de poderosas corrientes que no son autóctonas: nunca ha existido lo que caricaturescamente se llama «pensamiento carpetovetónico». Nuestras mismas guerras civiles son, en buen medida, incomprensibles sin Europa como escenario de fondo.

España ha conformado Europa con personas, obras y episodios decisivos. Sin el sentido del Estado de los Reyes Católicos y de Felipe II; sin la batalla de Lepanto, que salvó al Continente de la tiranía oriental; sin los principios del Derecho Internacional que sentó Francisco de Vitoria; sin el reconocimiento de que la realidad es problemática llevado a cabo por el genio de Cervantes; sin el centellante esplendor de nuestros poetas y de nuestros artistas, Europa sería algo bien distinto de lo que hoy es. Conviene recordárselo a quienes lo olvidan maliciosamente y enseñárselo a quienes de modo lamentable lo deconocen. El 1 de enero de 1986 ingresamos en la Comunidad Económica Europea. Pero no *entramo*s en Europa.

ABC Internacional, 8 enero 1986

A. ¿Quién lo sabe?

Reforma
Max Weber
Lepanto
Francisco de Vitoria

B. Vocabulario histórico. Use en una frase las palabras siguientes. Busque otras relacionadas.

Absolutista	Ilustrado
Aislamiento	Luterano
Autóctono	Pluralidad
Barroco	Postración
Calvinista	Protestante
Catolicidad	Protestantismo
Contrarreformista	Régimen
Cultura	Reinado
Derecho	Secular
Herencia	Tiranía

C. Complete con expresiones apropiadas del texto.

1. Han retrotraído este aislamiento a los días del Emperador, con lo cual, ------- ------ ----- --------, Felipe II no fue un monarca europeo.

2. Sobre ----- --------- ----------- de la gran herencia griega, romana y cristiana forma Europa pueblos de -------------- -----------------.

3. La división del ------------- europeo en ------------ ----------- tendría consecuencias decisivas.

4. Inglaterra es ----- --------------- de las naciones protestantes.

5. España ------------- las naciones que hacen de la catolicidad romana el ---------- --- -------------- y ----------- de su identidad.

6. No es cierto que España ----------- ----- ----------- de Europa.

7. Al decir el siglo XVIII el pensamiento ilustrado se ------ ------- -----------.

8. Conviene enseñárselo a quienes ----- ------ ----------- lo desconocen.

D. Explique estas expresiones y relaciónelas con el texto.

1. Siglo de Oro.
2. Siglo de las luces.
3. El manco de Lepanto.
4. Las dos Españas.
5. A Dios rogando y con el mazo dando.

E. Temas para conversar.

1. El aislamiento de España.
2. ¿Cómo definiría Europa?
3. ¿Qué Europa está excluida en el texto? ¿Por qué?
4. Reforma y Contrarreforma.
5. Aportaciones de España a Europa.
6. Antiguo Régimen, reaccionario, guerras civiles.
7. ¿Cómo contribuyó España al Derecho Internacional?
8. Comunidad Económica Europea.

F. Comentario especial.

1. ¿Con qué se relaciona *solar*, sol, suelo? Defina sus significados.
2. *Caldo de cultivo*: explique esta expresión.
3. *Carpetovetónico*. Trate de identificar esta palabra.

II. GRAMATICA: ORACIONES CONDICIONALES

ORACIONES CONDICIONALES

1. En las proposiciones condicionales se llama PRÓTASIS la proposición subordinada, la que contiene la condición; y APODOSIS, la principal, la que enuncia el resultado: *si llueve* (prótasis), *no iré* (apódosis).

2. Llevan siempre subjuntivo en la prótasis las condicionales introducidas por A MENOS QUE, COMO, CON TAL QUE, A NO SER QUE, EXCEPTO QUE, SALVO QUE, SIEMPRE QUE, POR POCO QUE, A NADA QUE así como las introducidas por los gerundios de SUPONER, ADMITIR, ACEPTAR seguidos de QUE: *Triunfará siempre que haya quien lo siga.- Actuaré por mi cuenta a menos que me des una respuesta ahora.- Como no vengas, me enfado.- A nada que llueva, se pone esto perdido.- Te arruinas salvo que moderes tus gastos.- Suponiendo que no esté, iremos a un hotel.- Con tal que no llore, le doy lo que pida.*

3. Algunas de las conjunciones mencionadas pueden funcionar como no condicionales y entonces siguen el régimen correspondiente: *siempre que* puede ser temporal; *como*, comparativa; *salvo que, excepto que* con indicativo son concesivas.

4. La conjunción más frecuente para introducir condicionales es SI y sus compuestos EXCEPTO SI, SALVO SI, AUN SI. Rigen indicativo si la condición es real: *si lo dijo, es un mentiroso.- Aun si me lo pides de rodillas, no cederé.- No te lo compro, salvo si me lo das muy barato.* Rigen subjuntivo, si la condición es hipotética: *no lo haría, salvo si le forzaran a ello.- Si vinieras pronto, podríamos ir a cenar.*

SECUENCIA DE TIEMPOS

5. Si la prótasis está en indicativo:

   a) En ella no hay ni futuro ni condicional. No se dice *si vendrás* ni *si vendrías*. Hay usos regionales del último caso.

   b) Si hay un presente, la apódosis puede llevar cualquier tiempo que no sea pasado: *si lo ves, díselo.- Si viene, lo hará.* Pero no es posible: *si está mal aparcado, lo multaban.*

   c) Si la prótasis está en pasado, cualquier tiempo es posible en la apódosis: *si lo dijo, es un mentiroso.- Si no lo ha hecho, no podremos aprobarlo.- Si no te multaron, tuviste suerte.*

6. Si la prótasis está en subjuntivo:

   a) En ella no cabe ni presente ni pretérito perfecto. No se dice *si venga* ni *si haya venido.*

   b) Si la prótasis está en imperfecto de subjuntivo, la apódosis lleva condicional simple: *si lo consiguieras, sería fantástico.* Pero son posibles otros tiempos: *si insultara al rey, deténgala.- Si nevara, no salimos de viaje.*

   c) Si la prótasis está en pluscuamperfecto de subjuntivo, la apódosis lleva condicional compuesto si hay un sentido pasado, y condicional simple, si lo hay presente: *si me hubiera quedado en España, habría luchado por la República.- Si hubiera habido un accidente, nos avisarían.* Otros tiempos son posibles: *si hubiera hecho sol, hubiéramos ido de paseo.*

CONSTRUYENDO PROPOSICIONES CON SI

No siempre es fácil construir este tipo de proposiciones. He aquí un resumen de reglas que pueden ayudar a hacerlo:

PRESENTE DE INDICATIVO *si llueve*	PRESENTE *no salgo*	FUTURO *no saldré*
IMPERFECTO DE INDICATIVO *si hacía sol*	IMPERFECTO *íbamos de paseo*	
IMPERFECTO DE SUBJUNTIVO *si vinieras pronto*	CONDICIONAL SIMPLE *iríamos al cine*	(futuro)
PLUSCUAMPERFECTO DE SUBJUNTIVO *si hubiera estado allí*	CONDICIONAL COMPUESTO *no habría ocurrido*	(pasado)
	CONDICIONAL SIMPLE	(presente)
si lo hubiera hecho	*lo diría*	

EJERCICIOS

Ponga en indicativo o subjuntivo el verbo en cursiva. Si caben ambos modos, señale la diferencia de significado.

1. Si *haber* cien mil personas, supongo que sería mejor.
2. Si la administración *quitar* los impuestos, ya veríamos qué subida daba la economía.
3. Si el tiempo se *prolongar*, no sé hasta dónde me habría atrevido.
4. Me dijo que si *querer* vivir mi vida, que la viviera.
5. Si *buscar* implantar ese sistema, tendría que contar con los votos.
6. Por si *ser* poco, tenemos muchas dudas del hecho.
7. Es imposible que haya democracia, si no *haber* justicia.
8. Si *tener* que elegir, elegiría París para vivir.
9. Si *depender* del juez, es probable que lo hubiera soltado.
10. No quiere quedar desmarcado por si *ocurrir* algo.
11. Si *mandar* fusilarlos, todo el mundo se levantaría.
12. Si el reloj *tener* perlas, te habrá costado mucho.
13. Si *lograr* nosotros reunir cien mil pesetas, claro que sería mejor.
14. Si *querer* vernir a verme, estoy dispuesto a pagar el viaje.
15. Si *saber* que llegabas, te habría ido a esperar.
16. Si me *dejar* mis padres, me habría ido contigo.
17. Si *hacer* tal cosa, llévenlo preso.
18. Si no *estar* en casa, no pudo enterarse de la llamada.
19. Si *llevar* incrustaciones, habrá costado mucho.
20. Aun si *venir* el presidente, no los convencería a votar por él.
21. Debe ser juzgado sólo en caso de que *haber* pruebas contra él.
22. Vigile la enfermadad aun en el caso que no *dejar* secuelas.
23. Era imposible acceder a tal petición a no ser que se *presentar* un documento oficial.
24. Lo entiendo mal a no ser que se *tener* en cuenta el azar.
25. No le perdonarían a menos que se *humillar* ante la corte.
26. Como no *planear* mejor la empresa, que no espere triunfar.
27. Con tal que otros no *golpear* el equipo, cualquier técnica vale.
28. Con tal que las pistas se *encontrar* con nieve, no me importa el frío.
29. Suponiendo que no *helar* en mayo, la cosecha será buena.
30. Admitiendo que el café *perjudicar* el corazón, lo tomo porque me gusta.
31. Aceptando que tu hipótesis *tener* validez, aún quedan puntos oscuros.
32. Parece hombre muy cabal salvo que *engañar* las apariencias.
33. Saldremos de madrugada salvo que el tiempo *venir* muy malo.
34. Garantizaba el éxito siempre que le *dejar* las manos libres.
35. Aceptaban la operación siempre que *ser* a vida o muerte.
36. No le escribiría más a no ser que ella *responder*.
37. Excepto que lo *suspender*, el acto tendrá lugar según lo previsto.
38. Con tal que nadie nos *ver*, lo pasaremos bien.
39. Si *llover* durante el espectáculo, ponían un toldo.
40. Si no *venir* los obreros, no podríamos terminar hoy.

Complete los diálogos, según el modelo, de acuerdo con las normas de la sección anterior.

Modelo: Estoy muy quemada del sol.

Si no hubieras estado en la piscina, no estarías tan quemada.

1. Estoy muy gordo.
   Si *comer* menos --.

2. Tenemos mucho sueño.
   Si no *ir* a la discoteca anoche ------------------------.

3. La policía me puso una multa por exceso de velocidad.
   Si *conducir* más despacio -------------------------------.

4. Nadie me invita.
   Si *tener* mejor carácter -------------------------------.

5. Ibamos a la playa.
   Si *hacer* buen tiempo -----------------------------------.

6. Pasamos la tarde en la biblioteca.
   Si *haber* examen mañana ---------------------------------.

7. ¿Piensas quedarte mucho tiempo en España?
   Si *tener* suficiente dinero -----------------------------.

8. ¿Por qué no viniste ayer a comer?
   Si me *invitar* --.

9. Han suspendido a Julita.
   Si *haber* estudiado más ---------------------------------.

10. Fernando chocó contra una farola.
    Si no *beber* tanto -------------------------------------.

11. Tienes un mal puesto.
    Si *trabajar* más ---------------------------------------.

12. He quedado empapado por la lluvia.
    Si *llevar* paraguas ------------------------------------.

13. María está enferma porque no hace ejercicio.
    Si *hacer* ejercicio ------------------------------------.

14. Mi tío ha pasado la noche tosiendo.
    Si *fumar* menos --.

15. Luis ha llegado bastante lejos.
    Si *ser* más astuto ------------------------ más lejos aún.

Identifique en estos textos las oraciones condicionales y justifique el modo y el tiempo usados.

Nada me importa sufrir
con tal que tú suspires
por tu imposible yo,
tú por mi imposible.

Nada me importa morir
si tú te mantienes libre
por tu imposible yo,
tú por mi imposible.

JUAN RAMÓN JIMÉNEZ, *Segunda antología poética.*

Finalmente pide que, si el regreso no se produce tampoco, vuelvan a florecer los malvones del patio si esos pétalos deberán marchitarse poco después... No puede confesarle a ella el motivo y pide que le crea que volverá si las circunstancias se lo permiten como el barco pesquero vuelve a la rada si las tormentas del mar Caribe no lo aniquilan.

No sé cómo puedan entrar en el cajón de madera tran gruesa y dura a no ser que el cajón se pudra... Si usted me viera lo mal que ando, no tengo ganas de nada. Pero ahora no sé que me pasa, pienso si Celina no hubiese hablado mal de mí, a lo mejor a estas horas Juan Carlos estaba vivo.

Si me pasa algo malo, no sé cómo voy a aguantar. ¿Por qué es que no me escribe? A Dios gracias me quedé sola un poco porque si mi marido me llegaba a recriminar otra vez lo mismo, no sé qué le contestaba. Pensar que si hoy estuviera de paseo por allá, tampoco podría ir a su casa a tomar mate, por Celina... Bueno, señora, yo mejor dejo ahora porque si viene mi esposo, se va a poner a leer la carta.

Cuando viene mi esposo, peor que peor; quiere la cena enseguida, si no está lista y si está lista, se quiere bañar antes. Si él no estuviera, ¿se fijaría alguien en mí? Qué lindo era Juan Carlos y esa hija tan perra, si la tuviera cerca, la estrangulaba.

MANUEL PUIG, *Boquitas pintadas*

III. REPASO. FORMULAS PONDERATIVAS Y PROVERBIALES

Observe cómo se forman fórmulas ponderativas sin usar QUE ni CUÁNTO. Imítelas.

1. Lo tontos que hemos sido.
2. Lo que he tenido que aguantar.
3. La de cosas que sabe.
4. La de veces que te lo he dicho.
5. El calor que hace.
6. La gente que había.
7. La de forofos que asistieron.
8. Menudo sinvergüenza.
9. Vaya caro que está todo.
10. Buenas ganas tenía.

Complete estos proverbios y explique su significado.

1. Casa con dos puertas ----------------------------------.
2. Tanto va el cántaro a la fuente ----------------------.
3. Quien bien te quiere ----------------------------------.
4. En martes --.
5. Al freír ---.
6. A río revuelto --.
7. A lo hecho --.
8. No digas nunca --.
9. A la tercera --.
10. Preguntando se va -----------------------------------.
11. En boca cerrada --------------------------------------.
12. En abril --.

IV. CABOS SUELTOS: EL HABLA AFROANTILLANA

En el poema *Para dormir a un negrito* del escritor **Emilio Ballagas** se refleja la fonética y el léxico de un dialecto afroantillano que se usa con cierta frecuencia en literatura de esta clase.

Dórmiti mi nengre,
dórmiti ningrito.
Caimito y merengue,
merengue y caimito.

Dórmiti mi nengre,
mi nengre bonito.
¡Diente de merengue,
bemba de caimito!

Cuando tu sía glandi
ba a sé bosiador...
Nengre de mi bida,
nengre de mi amor...

(Mi chibiricoqui,
chiribicocó...
¡Yo gualda pa ti
tajá de melón!)

Si no caya bemba
y no limpia moco,
le ba'abri la puetta
a Bisente e'loco.

Si no caya bemba,
te ba'da e'gran sutto.
Te ba'yebá e'loco
dentre su macuto.

Ne le mata'e güira
te ñama sijú.
Condío en la puerta
etá e'tatajú.

Dórmiti mi nengre,
cara 'e bosiador,
nengre de mi bida,
nengre de mi amor.

Mi chibiticoco,
chiribicoquito.
Caimito y merengue,
merengue y caimito.

Bemba = boca.
Güira = tipo de árbol.
Sijú = pájaro nocturno de presa.
Tatajú = Tata Judas, el coco.

19

Simón Bolívar, el Libertador, es la figura más admirada de Hispanoamérica. No hay país ni aun ciudad que no le haya levantado un monumento.

I. LECTURA: LA HISPANIDAD

Españoles y latinoamericanos vivimos 300 años de historia común y, en esos tres siglos, la tierra a la que llegó Colón desapareció y fue reemplazada por otra, sustancialmente distinta. Una tierra que, enriquecida por los fermentos de su entraña pre-hispánica y por los aportes de otras regiones del planeta - el Africa, principalmente-piensa, cree, se organiza, habla y sueña dentro de valores y esquemas culturales que son los mismos.

Luego de tres siglos en que fueron una sola, las naciones que España ayudó a formar, y a las que marcó de manera indeleble, estallaron en una miriada de países que, entre fortunas e infortunios -más de éstos que de aquéllas-, tratan de forjarse un destino decente y de aniquilar a esos demonios que han emponzoñado su historia: el hambre, la intolerancia, las desigualdades inicuas, el atraso, la falta de libertad, la violencia. Son demonios que España conoce porque también en la Península han causado estragos.

Lo que la historia unió, los Gobiernos se encargan a menudo de desunirlo. Nuestro pasado, en América, está afeado por querellas estúpidas, en las que nos hemos desangrado y empobrecido inútilmente. Pero todas las guerras y disensiones no han podido calar más hondo de la superficie; bajo los transitorios diferendos subsisten, irrompibles, aquellos vínculos que España estableció entre ella y nosotros mismos, y que el tiempo consolida cada vez más: una lengua, unas creencias, ciertas instituciones y una amplísima gama de virtudes y defectos que, para bien y para mal, hacen de nosotros parientes irremediables por encima de nuestros particularismos y diferencias.

A lo mucho que nos unió en el pasado, hoy nos une, a españoles y a latinoamericanos, otro denominador común: regímenes democráticos, una vida política signada por el principio de la libertad. Nunca, en toda su vida independiente, ha tenido América latina tantos Gobiernos representativos, nacidos de elecciones, como en este momento. Las dictaduras que sobreviven son apenas un puñado, y alguna de ellas, por fortuna, parece estar dando las últimas boqueadas. Es verdad que nuestras democracias son imperfectas y precarias y que a nuestros países les queda un largo camino para conseguir niveles de vida aceptables. Pero lo fundamental es que ese camino se recorra, como quieren nuestros pueblos -así lo hacen saber, clamorosamente, cada vez que son consultados en comicios legítimos -dentro del marco de tolerancia y de libertad que vive ahora España.

Para nuestros países, lo ocurrido en la Península, en estos años, ha sido un ejemplo estimulante, un motivo de inspiración y de admiración. Porque España es el mejor ejemplo, hoy, de que la opción democrática es posible y genuinamente popular en nuestras tierras. Hace 28 años, cuando llegué a Madrid como estudiante, había en el mundo quienes, cuando se hablaba de un posible futuro democrático para España, sonreían con el mismo escepticismo que lo hacen ahora cuando se habla de la democracia dominicana o boliviana. Parecía imposible, a muchos, que España fuera capaz de domeñar una cierta tradición de intolerancias extremas, de revueltas y de golpes armados. Sin embargo, hoy todos reconocen que el país es una democracia ejemplar, en la que, gracias a la clarísima elección de la Corona, de las dirigencias políticas y del pueblo español, la convivencia democrática y la libertad parecen haber arraigado en su suelo de manera irreversible.

A nosotros, hispanoamericanos, esta realidad nos enorgullece y nos alienta. Pero no nos sorprende; desde luego que era posible, como lo es también allende el mar, en nuestras tierras. Por eso, a las muchas razones que nos acercan, deberíamos decididamente añadir esta otra: la voluntad de luchar, hombre con hombre, por preservar la libertad conseguida, por ayudar a recobrarla a quienes se la arrebataron y a defenderla a los que la tienen amenazada. ¿Qué mejor manera que ésta de conmemorar el quinto centenario de nuestra aventura común?

La palabra hispanidad exhalaba, en un pasado reciente, un tufillo fuera de moda, a nostalgia neocolonial y a utopía autoritaria. Pero, atención, toda palabra tiene el contenido que queramos darle. Hispanidad rima también con modernidad, con civilidad, y, ante todo, con libertad. De nosotros dependerá que sea cierto. Hagamos con estas dos palabras, hispanidad y libertad, las piruetas que le gustaban a El Lunarejo: juntémoslas, arrejuntémoslas, fundámoslas, casémoslas y que no vuelvan a divorciarse nunca.

MARIO VARGAS LLOSA, *El Lunarejo en Asturias*, El País, 24 noviembre 1986

A. ¿Quién lo sabe?

Vargas Llosa.
El Lunarejo.
La Corona.

B. Vocabulario de lo hispánico. Use en una frase las palabras siguientes. Busque otras relacionadas.

Autoritario	Intolerancia
Convivencia	Libertad
Democracia	Neocolonial

Desigualdad	Pre-hispano
Desunir	Representación
Dictadura	Revuelta
Disensión	Querella
Empobrecerse	Tolerancia
Emponzoñar	Tiranía
Golpe	Vínculo
Hambre	Violencia

C. Complete con expresiones apropiadas del texto.

1. Las naciones que España ayudó a formar y a las que ------- ---- ------- ------------ -------, estallaron en ------ ---------- de países.
2. Tratan de aniquilar a esos --------- que han ----------- su historia.
3. Todas las guerras y disensiones no han podido ---------- ------ --------- de la superficie.
4. Las dictaduras que sobreviven son ---------- ---- -------- y algunas parece estar dando ------- -------------- --------------.
5. Parecía imposible que España fuera capaz de ----------- una ---------- ---------- de -- ---------- ----------------.
6. Esta realidad es también posible ------------- ----- ------------------.
7. La voluntad de luchar, -------------- ----- -----------, por preservar la libertad.
8. La palabra Hispanidad exhalaba un ----------- --------- ------ -----------.

D. Explique estas expresiones y relaciónelas con la lectura.

1. Estirar la pata.
2. La unión hace la fuerza.
3. La lengua es compañera del imperio.
4. El dictador de turno.
5. El olor de las velas.

E. Temas para conversar.

1. Ingredientes de la realidad hispanoamericana: indios, españoles, negros.
2. Demonios de la historia hispana.
3. Vínculos entre España e Hispanoamérica.
4. La lengua, ¿une o separa?
5. Democracia y dictadura: alternativas.
6. ¿Cómo fue posible la democracia en España tras Franco?
7. ¿Qué piensa de la Hispanidad?
8. Estados Unidos y la Hispanidad.

F. Comentario especial.

1. Defina *español* e *hispano*.
2. *Diferendo*: busque palabras parecidas como *dividendo*.
3. Sinónimos de *comicios*.

II. GRAMATICA: CAUSA Y MODO

ORACIONES CAUSALES

1. Las conjunciones causales más frecuentes son PORQUE, YA QUE y PUES. De las tres sólo PORQUE puede ir precedida de NO: *lo hago no porque tú lo digas, sino porque quiero.*

2. Las tres rigen preferentemente indicativo: *pues no venía, nos fuimos.- Ya que lo has revelado, lo haremos público.- No sé nada porque no he estudiado.*

3. PORQUE lleva subjuntivo precedida de NO: *me interesó, no porque fracasara, sino porque era romántico.* También si adquiere significados finales o concesivos: *lo hice porque no dijeran.- No me obligará a callar porque tenga el poder.* POR-QUE lleva indicativo o subjuntivo, cuando aparece en una disyuntiva: *mantenían cierta distancia, ya porque eran vecinas, ya porque fuesen reservadas.*

4. Hay otras conjunciones causales que suelen regir indicativo: COMO, QUE, COMO QUIERA QUE, POR RAZON DE QUE, PUES QUE, PUESTO QUE, VISTO QUE. De ellas COMO requiere que la proposición subordinada preceda a la principal: *como no dijiste nada, creí que no tenías interés.*

5. Fórmulas causales son: DE + ADJETIVO o SUSTANTIVO + QUE y POR + LO ADJETIVO + QUE: *de desnuda que está brilla la estrella.- De dinero que tiene no sabe cómo usarlo.- Todos le saludan por lo rico que es.*

6. En vez de PORQUE se puede usar POR + INFINITIVO: *no fui por estar enfermo.* No es necesario que los sujetos sean iguales: *no se hizo por llover.*

ORACIONES MODALES

7. Se introducen mediante COMO, COMO SI, CUAL, CUAL SI, SEGUN, SIN QUE, CON QUE.

8. SIN QUE y CON QUE llevan siempre subjuntivo: *todo se evita con que mi hermano no vuelva.- Aprobó sin que la ayudara nadie.*

9. COMO lleva indicativo en expresiones futuras; subjuntivo, con presente y pasado: *lo haré como pueda.- Lo dejamos como nos dijeron.* La misma regla se aplica a CUAL, conjunción no muy usada.

10. COMO SI, CUAL SI rigen imperfecto o pluscuamperfecto de subjuntivo: *habla como si fuera un profesor.- Lo contó como si lo hubiera visto.* COMO SI lleva indicativo en ciertas expresiones: *es como si te machaca la mano una máquina.*

11. SEGUN lleva indicativo si indica conformidad inequívoca: *según les indiqué, este problema se resuelve así.* Lleva subjuntivo si se implican varias posibilidades o equivale a «a medida que»: *es blanco o negro, según se mire.- Según vengan, acomódalos.*

EJERCICIOS

Ponga en indicativo o subjuntivo el infinitivo en cursiva. De vez en cuando sustituya PORQUE por POR + INFINITIVO.

1. En esas fiestas había más gente ya que *coincidir* con las vacaciones.
2. No mandaron a nadie siquiera por honor, ya que no *ser* por cortesía.
3. Los soldados luchaban mal, ya porque no les *pagar*, ya porque no *tener* motivación.
4. Lo hicieron por caridad, ya que no *ser* por justicia.
5. He venido, no porque *querer* verte, sino porque me *dar* la gana.
6. Lo mataron, no por *ser* Dios, sino porque les *molestar* su doctrina.
7. No he de callar porque me *imponer* tú silencio con amenazas.
8. Ganaré porque todos *ser* malos, no porque yo *valer*.
9. Lo atropelló, bien porque no lo *ver*, bien porque no *poder* frenar.
10. No me amedrentó porque me *amenazar* con la cárcel.
11. Toda la tarde estuvo nerviosa porque *empezar* su programa.
12. Votaron sí porque no *quedar* mal el Gobierno.
13. Como quiera que no *venir* aún, empezaremos sin él.
14. No me lo digas, que me *desmayar*.
15. Pues que te *creer* tan listo, ¿a que no sabes esto?
16. De que el perro lo *oler*, salió corriendo.
17. Por cuanto los autos lo *declarar* culpable, lo condenamos.
18. Dado que nunca *estar* tú en la oficina, te llamaré a casa.
19. En vista de que él se *portar* bien, lo dejaremos libre.
20. Supuesto que lo *afirmar* tan rotundamente, tus razones tendrás.
21. Visto que ya no *llover*, podemos ir a casa.
22. No me tengo de pie de cansado que *estar*.

23. Ya ni le saludo por lo tonto que *ser*.
24. De cosas que *haber* para escoger, no se sabe por dónde empezar.
25. Aún le quiero por lo mucho que lo *querer*.
26. Remitió dinero sin que el banco lo *autorizar*.
27. Lo hizo de inmediato sin que se lo *tener* que decir dos veces.
28. Todo se arregla con que no lo *dejar* salir de casa.
29. Todo el mundo es como *ser* y no como uno *querer* que fuera.
30. Hace como que no *saber* nada.
31. Anduvo errante igual que *hacer* el héroe de la novela.
32. Lleva tu cruz como mejor *poder*.
33. Reaccionó como si no *pasar* nada.
34. Para el caso es lo mismo que si él no *ser* pariente.
35. Habla como si *leer* un libro.
36. Respétalo. Es ruso. Como si *ser* chino.
37. Según *contar* la copla, es de Chiclana.
38. La cosa tiene varias caras, según se *mirar*.
39. Según *salir* los espectadores, les regalaban perfumes.
40. Se les dará la entrada según *llegar*.
41. Según *decir* la policía, el crimen fue brutal.

Identifique estructuras causales y modales en estos textos. Discútalas.

Luego sacó la mano y empuñó el paquete como para centrárselo. Con naturalidad metió la ganzúa y se abrió la puerta dando un saltito como si fuera el portón de una caja fuerte.
- No te metas en el centrro de San Andrés, que está lleno de guripas.
- Tranquilos, tenéis que estar como si hubiérais nacido en el coche.
- Que no te vayas hacia el centro, que está lleno de patrullas.
Dobló varias esquinas sin perder de oído el ruido de las carreras que le seguían. Necesitaba deterderse porque se ahogaba, tenía flato. Buscó un rincón donde esconderse por si se les ocurría entrar en el solar.
Biscuter no le daba la razón a Carvalho no sólo porque adivinara que estaba borracho, sino porque siempre estaba dispuesto a admitir catástrofes.
Pedrell había vivido en una casa del Putxet, una de las colinas que en otro tiempo dominaban Barcelona como las colinas romanas dominan Roma... Carraspeó el mayordomo. Preguntó la muchacha sin volverse y sin dejar de tocar...Carvalho también se sintió estudiado, pero no porción a porción como él había hecho, sino globalmente... Aceptó porque así podría seguir con el vino blanco y porque el pescado contribuiría a que la bajaran las orejas.

MANUEL VÁZQUEZ MONTALBÁN, *Los mares del sur*

Vine a Comala porque me dijeron que aquí vivía mi padre. Mi madre me lo dijo y yo le prometí que vendría, pues ella estaba por morirse y yo en un plan de prometerlo todo.

El camino subía o bajaba: sube o baja según se va o se viene. Para el que va, sube; para el que viene, baja... Traigo los ojos conque ella miró estas cosas porque me dio sus ojos para ver... Su voz era secreta, como si hablara consigo misma.

Todo paracía estar como en espera de algo...
- ¿Conoce usted a Pedro Páramo?, le pregunté. Me atreví a hacerlo porque vi en sus ojos una gota de confianza.

Estoy aquí, boca arriba... porque no estoy acostada sólo por un rato. Porque estoy muerta... ¿Te acuerdas, Justina? Tú y yo allí, rezando rezos interminables, sin que ella oyera nada, sin que tú y yo oyéramos nada... Así estuvo mejor. La muerte no se reparte como si fuera un bien... Y tú les pagaste como quien compra una cosa.

Yo me quedé porque no tenía donde ir. Otros se quedaron esperando que Pedro Páramo muriera pues, según decían, les había prometido heredarles sus bienes.

Somos infortunados por estar aquí, porque aquí no tendremos salvación... Yo ya me imaginaba que esto que nos daba no era gratuito. Y estaba dispuesto a que se cobrara con mi trabajo, ya que teníamos que pagar.

Juan Rulfo, *Pedro Páramo*

III. REPASO: CONJUNCIONES POLISÉMICAS

Algunas conjunciones que se han usado tienen varios significados y, por consiguiente, introducen proposiciones de diversa índole e incluso diverso régimen modal.

MIENTRAS

Tiempo: *mientras estudia, está muy concentrado.*
Condición: *mientras no se sepa, no hay nada que temer.*
Adversativo: *mientras su madre se mata a trabajar, él no pega golpe.*
Comparativo: *mientras más lo veo, más lo quiero.*

CUANDO

Tiempo: *cuando amanece, voy de paseo al campo.*
Causa: *muy poco dinero tienes cuando has de recurrir a ese préstamo.*
Condición: *no sé por qué insistes cuando una sugerencia bastaba.*

COMO

Causa: *como no estabas, me fui.*
Condición: *como no vengas antes de las dos, duermes en la calle.*
Modo: *estaba como lo dejaron.*

Discuta el valor de MIENTRAS, CUANDO, COMO en las siguientes proposiciones. Construya otras parecidas.

1. Mientras espero el autobús, leo el periódico.
2. Mientras estés enfermo, no vengas a clase.
3. Mientras no se resbale, no le pasará nada.
4. Mientras él ha llegado a ministro, tú te has quedado en pasante.
5. Cuando vengas, te llevaré a cenar a un restaurante de lujo.
6. Mal debe de ir el negocio cuando se anuncian así.
7. No se debe encontrar bien cuando ha hecho testamento.
8. Golpeó insistentemente cuando un golpecito bastaba.
9. Lo dejé como lo encontré.
10. Como no me lo digas, me enfado.
11. Como el avión estaba retrasado, me fui a la ciudad.
12. Como hacía tanto frío, me agarré un resfriado.

IV. CABOS SUELTOS: EL HABLA INDIGENA ANDINA

El fragmento siguiente pertenece a la novela Huasipungo del escritor ecuatoriano **Jorge Icaza**. En ella se refleja el modo de hablar de los indios ecuatorianos del altiplano.

Identifique los rasgos fonéticos y léxicos más importantes.

Va terminándose el tronco del arbusto y el coraje del leñador va cayendo en el letargo de los que se dejan arrastrar por la corriente. Ya no formula preguntas. Levanta el pie para ponerle sobre sobre una rama que parece resistir a los golpes del hacha, al mismo tiempo que en son de desafío masculla: "No ti'ass de burlar de mí, carajo". Y con los dedos prendidos en la madera y el hacha alzada, se queda unos segundos calculando el punto de golpe certero.

—Tuma, caraju -grita dejando caer el arma, con ademán del que firma su liberación-. El hacha -por acto fallido- se desvía unos milímetros, cayendo sobre el pie que lo parte y quedándose clavada en el tronco rebelde.

—Ayayay, caraju... -grita horrorizado viendo la sangre que salta como pila, pero se calla sintiendo que el dolor psíquico se le va por la herida. Este pie mutilado es el único pie que le podrá llevar cerca de la hembra.

Pronto aparecieron los compañeros. Uno, el más entendido, exclamó:

—Alguno de vustedes, bajen pes a quibrada a trair puquitu ludo pudridu para que n'uentri mal in pierna.

Un longo corrió en busca del medicamento.

—Decí que traiga brivi vi...

La medicina viene entre las manos del comedido escurriéndose en baba fétida, lodosa.

—Ujalá istí bien pudriditu.

—¡Caraju! ¿Qué van pes, a curar? -interroga furioso el capataz que llega a tiempo de demostrar sus buenas habilidades de buen capataz y de buen curandero.

—Nada, pes, patrón. Pie que si judiú nu más el Andrés. Tuditicu hechu lástima..

El retablo de gestos compasivos que rodeaban al herido animaron las habilidades del chagra.

—Ya le dije yo; algo ti'a de pasar. Con esa mala gana que venís al trabajo. Taita Dios ti'a castigado, pendejo. ¿Qué l'iban a poner? ¡Lodo! Qué's pes, ni que jueran a tapar caño. Ve vos José Tarqui, anda verís si'ay telas de araña en el galpón. Eso es como la mano de Dios. Trairás bastanticas. Corré. Y aura ca vos no'as de poder pararte.

—Si'e de parar no más.

—¿Pero después ca? Te jodiste. Ya te quedaste del cojo Andrés.

La indiada comentó el chiste con un susurro de voces quichuas que dejaron dcsairada la fama de dicharachero mestizo.

El longo recomendado volvió acezando y con las manos llenas de pringosas telas de araña.

—Era de que veas unas gruesitas.

—Esticu nu más hay- afirma José mostrando a la concurrencia las pequeñas redes empapadas en toda clase de suciedades.

–Con esto te'as de sanar -murmura el tuerto, colocando, con seguridad de médico que venda la herida con gasas desinfectadas, las telas sucias de araña sobre el cuajarón sanguinolento. Luego alza a mirar en busca de una tira que sujete la medicina..

–¿Onde hay un trapo?

–Nu'ay.

–Nu'ay.

–Carajo. Nu'ay...Nu'ay, indios descomedidos. Cuando se estén yendo al infierno tan... Nu'ay... Nu'ay, ha de decir taita Dios -y abalanzándose a un indio, que arrimado en el mango del hacha contemplaba la escena, le arranca una tira de la cotona color fregón de pisos, aprovechando un desgarre hecho por el tiempo. Se levanta un revuelo de risas por la cara que ha puesto el agredido al mirarse el ombligo por la larga ventana que dejó abierta en la cotona la urgencia del curandero.

20

Geografía del español

U.S.A. 22.500.000
España 39.500.000
México 80.000.000
Cuba 10.800.000
República Dominicana 7.300.000
Puerto Rico 3.500.000
Panamá 2.100.000
Guatemala 9.200.000
Venezuela 18.000.000
El Salvador 5.200.000
Colombia 33.600.000
Honduras 4.500.000
Guinea Ecuatorial 300.000
Nicaragua 3.100.000
Bolivia 6.900.000
Costa Rica 3.100.000
Paraguay 4.500.000
Ecuador 10.000.000
Argentina 32.500.560
Perú 22.000.000
Chile 13.600.000
Filipinas 2.900.000
Uruguay 3.150.000

EL ESPAÑOL EN EL MUNDO

El español es la cuarta lengua del mundo por número de hablantes. En Estados Unidos es ya la segunda más hablada. Su estudio es más popular cada día en todos los países. Miles de publicaciones, emisoras de radio y canales de Televisión ayudan a su difusión.

I. LECTURA: EL FUTURO DEL ESPAÑOL

El español tiene un léxico de 800.000 a 1.000.000 de palabras, de las cuales más de 300.000 son términos científicos. A este gran total hay que sumar entre 50.000 y 100.000 siglas locales o internacionales que son, en el fondo, nuevas palabras cuya principal característica es la de que no figuran en el diccionario oficial, aunque algunas -como *radar, sonar, sida, ovni-* ya lo han hecho o lo harán muy pronto. Y a las palabras y siglas que forman el río del idioma se suman cada día las aguas de nuevas voces procedentes de otros idiomas. En su edición de 1992, el Diccionario de la Real Academia Española de la Lengua recogerá unas 90.000 palabras de las que circulan por el castellano.

Los escritores tienen fe en el español: «El español es una lengua fortísima y resistirá todos los ingenuos embates que se le dirijan», dice Camilo José Cela. «No hay ningún peligro para el español; será la segunda lengua del mundo» augura el novelista Gonzalo Torrente Ballester.

El premio Nobel Gabriel García Márquez también cree que al español le aguarda un futuro de expansión; pero, contra lo que piensan muchos lingüistas, opina que se dividirá en lenguas diversas y no mantendrá la unidad. En esto comulga con su compatriota Cuervo.

Los lingüistas también creen que el castellano goza de un auspicioso mediodía: «Salvo la bomba atómica, no veo otra fuerza que pudiera hacer desaparecer el español en el futuro próximo» afirma Rafael Lapesa, miembro de la Real Academia Española. «Aunque es difícil hacer profecías en relación con las lenguas, yo apostaría a que cuando se cumpla el primer milenio del descubrimiento de América se hablará un español reconocible», señala el lingüista Gregorio Salvador Caja.

El futuro próximo del español estará trazado por la manera como el idioma se comporte ante tres fuerzas principales: las presiones para reducir el castellano a un idioma neutro y de mínimo vocabulario, la capacidad de acomodación común a los neologismos técnicos y la posibilidad de que sigan desarrollándose los acentos peculiares sin que ello implique rupturas fundamentales en la comunicación de los hispanoparlantes.

¿COMO SERA EL ESPAÑOL?

Si bien en las profecías sobre el porvenir de las lenguas conviene andarse con cautela, como lo aconseja Gregorio Salvador pensando quizá en los despistados vaticinios del señor Cuervo, es posible aventurar algunos pronósticos sobre las características que tendrá el español dentro de cien años. La opinión de los estudios y expertos consultados por CAMBIO 16 permite pensar que en el año 2.088 la lengua en que escribió Jorge Manrique las coplas a la muerte de su padre podrá ser claramente entendida por 1.650 millones de personas que hablarán español desde la cuna. Es posible que el panorama del castellano sea entonces más o menos así:

* Dominará el español hispanoamericano; el de España será, más que nunca, hablado por una reducida minoría.
* Se borrarán algunas diferencias entre los acentos, pero no desaparecerán las vertientes prosódicas más importantes.
* El inglés seguirá siendo la fuente etimológica principal de sus neologismos.
* El léxico se enriquecerá, pero más que todo en lo que tiene que ver con terminología técnica y científica.
* Las características fonéticas del castellano, con su clara diferenciación de sonidos, lo harán más adecuado que otras lenguas para trabajar con ordenadores de instrucción fonética cuando estos se perfeccionen y popularicen.
* Con la disminución previsible del analfabetismo, el castellano escrito tenderá a fijarse en capas de población donde antes sufría fácil mudanza.
* Sin embargo, sufrirá mengua, al menos en un principio, en algunas regiones de España (Cataluña, el ejemplo más mencionado) y posiblemente desaparecerá como lengua nativa en países como Guinea Ecuatorial, donde hoy se encuentra gravemente amenazado por otra lengua.
* Se consolidará como segunda lengua de comunicación universal, después del inglés, y desplazará definitivamente de ese lugar al francés.
* Avanzará notablemente en Estados Unidos, pero expuesto a muchas transformaciones por la cercanía del inglés.
* Se simplificará su ortografía y la dicción de algunas palabras en que aparecen consonantes agrupadas. Por ejemplo, *construir* prevalecerá sobre *construir, estremo* sobre *extremo, espectorar* sobre *expectorar...*

La lengua española, CAMBIO 16, 23 mayo, 1988

A. ¿Quién lo sabe?

Real Academia Española.
Jorge Manrique.
Cuervo.

B. Vocabulario de la lengua. Use en una frase estas palabras. Busque otras relacionadas.

Acento	Neologismo
Analfabetismo	Ortografía

Comunicación   Palabra
Etimológico   Prosódico
Fonética   Sigla
Idioma   Técnico
Léxico   Terminología

C. Complete con expresiones apropiadas del texto.

1. A las palabras y siglas que forman el ------------ ------ ------------ se suman cada día las ----------- ---- ------------------ -------------------.
2. García Márquez ---------------- con su ------------------- Cuervo.
3. Los lingüistas creen que el castellano goza ------- ------- --------- -----------.
4. Conviene ---------- ----------- ----------, aconseja Salvador pensando en ------- -- -------- --------- de Cuervo.
5. 1.650 millones de personas hablarán español ------------- ------ ---------------.
6. Con la desaparición del analfabetismo el castellano escrito se fijará en ------------ -- --- ----------- donde antes ------------ ----- --------------.
7. El castellano ---------------- ------------------ en algunas regiones.
8. Avanzará en Estados Unidos, expuesto a ------------- ------------- por la -------------- del inglés.

D. Explique estas expresiones y relaciónelas con la lectura.

1. Batirse en retirada.
2. A palabras necias, oídos sordos.
3. No fiarse de las apariencias.
4. La lengua de Cervantes.
5. No estar en el diccionario.

E. Temas para conversar.

1. ¿Cómo clasificaría usted las palabras de un idioma?
2. Palabras extranjeras del español.
3. ¿Piensa que el español se fragmentará en el futuro?
4. El español de Hispanoamérica y el de España.
5. El español en los Estados Unidos.
6. ¿Qué planes propondría para que el español permanezca unido?
7. La escrituta y la permanencia de un idioma. Analfabetismo y sus consecuencias.
8. Caracterice los sonidos del español.

F. Comentario especial.

1. Busque otras siglas aparte de las citadas en el texto.
2. *Hispanoparlante.* Forme palabras en que entre el segundo componente.
3. Dé razones que expliquen porqué prevalecerá *costruir* frente a *construir.* Adivine otras posibles tendencias.

II. GRAMATICA: ORACIONES COMPARATIVAS Y CONSECUTIVAS

PROPOSICIONES COMPARATIVAS

1. La igualdad se expresa por COMO y TAL COMO con referencia a lo cualitativo. CUAL y TAL CUAL se consideran muy literarios. Introducidas así, las proposiciones comparativas se parecen a modales ya estudiadas; pero, al revés que éstas, admiten sólo indicativo: *los dirigía como se dirige un equipo de fútbol.*

2. Con referencia a lo cuantitativo, la igualdad se introduce por TANTO...CUANTO, TAN...CUANTO. Así introducidas, las comparativas se asemejan a proposiciones adjetivas con CUANTO = TODO LO QUE. Llevan indicativo en pasado y presente: *coge tanto cuanto alcanza su mano.* Subjuntivo en futuro: *coge tanto cuanto alcance tu mano.*

3. Rara vez en comparaciones de superioridad, MAS...QUE y MENOS...QUE introducen un segundo verbo. Suele ocurrir con *mejor* y *peor.* Ese verbo va en indicativo: *canta peor que baila.* También pueden encontrarse proposiciones como *escribe más lento que habla.*

4. Cuando se introduce un segundo verbo, se hace mediante MAS o MENOS...DE LO QUE si lo implicado en la comparación es un adjetivo, y MAS o MENOS...DE (EL,LA,LOS,LAS) QUE si se implica un sustantivo. Estas proposiciones se asemejan a las adjetivas. Prefieren indicativo, pero pueden admitir subjuntivo en un sentido hipotético: *gasta más de lo que gana.- Es más hermosa de lo que pudiera imaginarme.- Tiene más fuerza de la que pensaba.*

5. Las comparativas contrastivas se introducen mediante CUANTO MAS, CUANTO MENOS...TANTO MAS, TANTO MENOS y MIENTRAS MAS, MIENTRAS MENOS...TANTO MAS, TANTO MENOS. Llevan indicativo en pasado y presente: *cuanto más se esforzaba, menos conseguía.- Mientras menos hablas, menos metes la pata.* Llevan subjuntivo en futuro: *cuanto más ganes, más cosas te podrás comprar.*

PROPOSICIONES CONSECUTIVAS

6. Se introducen mediante ASI QUE, CON QUE, DE AHI QUE, POR TAN-TO, POR ESO, QUE, DE MODO QUE, LUEGO, DE SUERTE QUE y también por TAL, TANTO, TAN...QUE. Generalmente llevan indicativo: *habla que maravilla a todos.- No tengo ganas de bromas, con que estáte quieto.- Llovía mucho, así que no salimos.*

7. Pero aparece subjuntivo si el verbo principal está en imperativo: *hagámoslo de manera que no se entere nadie.* También aparece subjuntivo con TAN, TAN-TO, TAL...QUE negativos: *no es tan bajo que resulte anormal.* Finalmente puede aparecer subjuntivo, si el verbo principal está en futuro o condicional: *hablaría de suerte que lo entendieran todos.- Lo dirá de modo que nadie se quede sin saberlo.* DE AHI QUE, prefiere subjuntivo: *trabaja fuera, de ahí que no haya completado su trabajo.*

EJERCICIOS

Ponga en indicativo o subjuntivo el infinitivo en cursiva.

1. Cuantas más cosas *llevar* un traje, más valdrá.
2. Cuanto antes se *cerrar* el trato, mejor para todos.
3. Cuantos más *venir* a la fiesta, a menos nos toca.
4. Mientras más se *esforzar*, menos rendía.
5. Mientras menos te *ver* nosotros por aquí, más tranquilos.
6. Gana más de lo que *merecer*.
7. Es más bonita de lo que yo *imaginar*.
8. Gasta mucho más de lo que su padre *poder* ganar.
9. Tiene menos talento del que se *requerir* para este puesto.
10. Esos jugadores corren mejor que *jugar*.
11. Esa mujer no cuenta para mí, así que no me *importar* lo que haga.
12. Han cambiado la ley a punto que no se *reconocer*.
13. Vivid de modo que la muerte *ser* una injusticia.
14. Era el mismo cometa, de ahí que los astrónomos se *aventurar* a predecirlo.
15. Era de derechas, de ahí que no *hablar*.
16. Habla que *dar* gloria.
17. Cristo vendrá a juzgarnos de modo que *producir* miedo en los malos.
18. Decídlo de tal manera que todos os *entender*.
19. No está el horno para bollos, con que *estarte* quieto.
20. Hace tanto frío que se *helar* los ojos.
21. Hazlo que te *ver* todos.
22. No es tan tonto que no *ser* responsable de sus actos.
23. Démosle tal susto que no se *atrever* a obrar otra vez así.
24. No es tal la razón que *merecer* una guerra.
25. Tiene tanto genio que no se *poder* hablar.
26. Trabajad de suerte que *ganar* mucho dinero.
27. No lo sé, por eso no *responder*.
28. Te lo he advertido tres veces, con que no lo *volver* a hacer.
29. Se lo dijeron antes, luego no *tener* excusa.

Indentifique en este texto las extructuras comparativas y consecutivas. Analícelas.

Aquel barco traía una tal tristeza entre las bordas que la bruma de los canales parecía salirle de adentro como un aliento de mala suerte... Si el Duque permanecía tanto tiempo en Amberes, era porque no acababa de resolverse a dejar de escuchar una voz que sonaba como sonarían las voces de las sirenas. -¿Sirenas?, había gritado la moza fregona, digan mejor que más tiran dos tetas que dos carretas.

Aquí los cantores tienen la voz menos rajada, y mientras uno ofrece oraciones para las mujeres que no paren, el jefe de los otros bordonea con las larguísimas uñas en la vihuela... Y así se lleva en este infierno de San Cristóbal la vida más perra que arrastrarse pueda en el reino de este mundo... El barbado afloja el arma, lo contempla durante un rato y le baja el sombrero sobre la cara con tal fuerza que la cabeza se lo raja a media copa.

Y donde el Santo Oficio, por cierto, mal se cuida de las idolatrías de los negros ni de las mentiras de los frailes que llevan las indias para adoctrinarlas a sus chozas de tal suerte que a los nueve meses devuelven al Páter por la boca del Diablo... Cimarrón como el calvinista que ha compartido la cimarronada con un cristiano nuevo, tan nuevo que se olvidó del bautismo.

Pero no hay más remedio que aceptar tales tisanas y, mientras se adormece esperando el alivio, el enfermo tiene un sueño terrible: se yergue con torres que alcanzan el cielo la Catedral de Compostela. Tan altas suben en su delirio que los campanarios se le pierden en las nubes. Por el Pórtico de la Gloria está el Camino de Santiago, aunque es mediodía, con tal blancura que el Campo Estrellado parece mantel de la mesa de los ángeles... Tanto llora que Golomón tiene que atarlo con unas llanas, dejándolo como muerto.

Pero Juan el Romero dice a Juan el Indiano que tales portentos están ya muy rumiados por la gente que viene de Indias hasta el extremo de que nadie cree ya en ellos. Lo que ahora interesaba era la ciudad de Manoa, donde quedaba más oro por tomar que el que las flotas traían de la Nueva España. Las comarcas que se extendían entre la Bogotá de los ensalmos, el Potosí y las bocas del Marañón, estaban colmadas de prodigios mucho mayores que los conocidos.

ALEJO CARPENTIER, *El Camino de Santiago*

III. REPASO: CONJUNCIONES POLISÉMICAS

Además de las discutidas en la unidad anterior, existen otras conjunciones con diversos significados y funciones. Vamos a recordar otras ahora.

PORQUE

> Causal: *lo hago porque quiero.*
> Final: *se defendió sólo porque no pensaran que era culpable.*
> Concesiva: *no he de callar porque me amenaces.*
> Interrogativa: *no sé porqué lo ha dicho.* Nótese que lleva acento.

QUE

> Signo subordinante: *dice que no ha venido.*
> Causal: *agárrate que te caes.*
> Final: *vete que te dé un beso tu abuela.*
> Interrogativa: *no sabe qué hacer.* Nótese que lleva acento.
> Consecutiva: *salte de clase que no te sienta nadie.*
> Condicional: *que llueve, no vamos.*

SI

> Condicional: *si me das el coche, te prometo lo que quieras.*
> Interrogativa: *¿Si habrá venido ya?.- Ignoro si está.*
> Desiderativa: *¡Si yo pudiera...!*

SIEMPRE QUE

> Temporal: *siempre que te llamo, has salido.*
> Condicional: *siempre que te portes bien, puedes ir con él esta noche.*

Discuta el valor de PORQUE, QUE, SI, SIEMPRE QUE en las siguientes proposiciones. Construya otras parecidas.

1. No te asomes que te hieres.
2. Está claro que no ha venido.
3. Habla claro que te entiendan todos.
4. Les preguntó a los estudiantes que qué pensaban.
5. ¡Que hagas esas cosas!
6. ¡Que entren!
7. ¿Sabes qué pasa?
8. Anda que te dé un caramelo la señora Tanis.
9. Estoy que no aguanto más.
10. Si fueras al cine, dímelo.
11. Aún no saben si pasará esta película en la TV.
12. ¡Si me atreviera a decirle que la quiero!
13. ¿Si estará ya mi padre en casa?
14. Dice que si te has quedado dormido, que no vienes.
15. No lo hago porque eres tonto.
16. Trabajo tanto porque tú tengas una buena educación.
17. Ignoro porqué me habrá dicho esto.

IV.   CABOS SUELTOS: HUMOR

Comente estos chistes

Mi regalo de cumpleaños:
estoy embarazada

Me habría bastado con
una loción de afeitar

INDICE

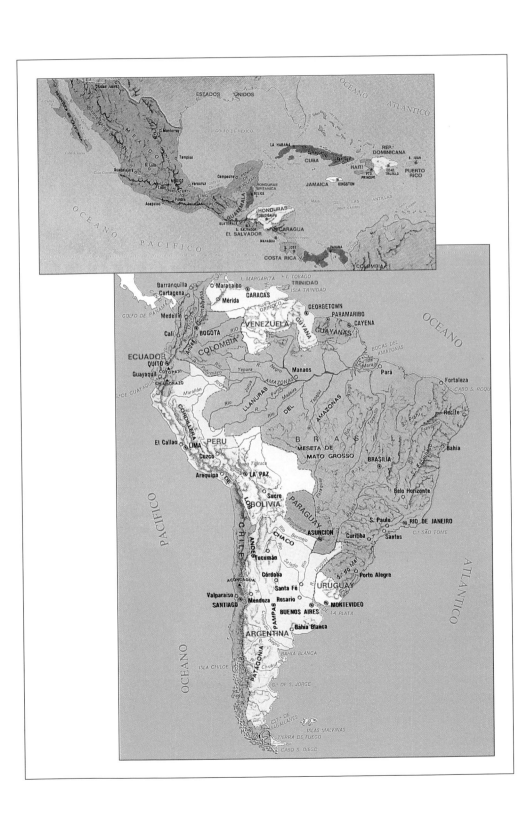

EDICIONES COLEGIO DE ESPAÑA

Colección Problemas fundamentales del Español

1. R. Navas Ruiz
   EL SUBJUNTIVO CASTELLANO
2. R. Navas Ruiz y Victoria Jaén Andrés
   SER Y ESTAR. LA VOZ PASIVA
3. Teófilo Sanz y Alicia H. Pulce
   LOS PRONOMBRES PERSONALES
4. Sigfredo Repiso
   LOS POSESIVOS
5. María Rosa Asenjo Orive
   LOS DEMOSTRATIVOS
6. José Alberto Miranda
   USOS COLOQUIALES DEL ESPAÑOL
7. José Alberto Miranda
   LA FORMACION DE PALABRAS EN ESPAÑOL

COLECCION BIBLIOTECA FILOLOGICA

1. Humberto López Morales
   METODOS DE INVESTIGACION LINGÜISTICA
2. Arcadio López-Casanova
   ANALISIS DEL POEMA
3. María Rubio, Ricardo de la Fuente y Fabián Flórez
   EL COMENTARIO DE TEXTOS TEATRALES
4. César Hernández Alonso
   CURSO DE SI TAXIS ONOMASIOLOGICA ESPAÑOLA
5. Carlos Reis
   EL COMENTARIO DE TEXTOS (2ª edición, renovada)

COLECCION BIBLIOTECA HISPANICA

Ultimos libros publicados

28. ANTOLOGIA DE LA PROSA MEDIEVAL CASTELLANA
    Edición de Cristina González, Univ. de Massachusetts
29. POESIA ESPAÑOLA DE LOS 50. ANTOLOGIA
    Edición de Luis Angel Prieto de Paula, Univ. de Alicante
30. LAZARILLO DE TORMES
    Edición de Florencio Sevilla Arroyo, Univ. Autónoma de Madrid

CUADERNOS DEL LAZARILLO

Revista literaria y cultural. Editada por AITIPE (Asociación Internacional de Traductores, Intérpretes y Profesores de Español)
3 números al año

ALGUNOS PUNTOS DE VENTA DE EDICIONES COLEGIO DE ESPAÑA EN EL EXTRANJERO

ALEMANIA
HISPANOAMERICANA LIBRERIA
Konradstrasse 11
D-8000 München 40
Telef. 089-349727
Fax 089-336457

CANADA
LIBRERIA LAS AMERICAS
10 St Norbert
Montréal, Que. H2X 3M4

FRANCIA
LIBRAIRIE ESPAGNOLE
72 rue de Seine
75006 PARIS
Telef. 1-43545626

Sauramps Librairie «Le Triangle»
Allée Jules Milhau
BP 9551
34045 MONTPELLIER Cedex
Telef. 67-588515

FINLANDIA
AKATEEMINEN KIRJAKAUPPA
Kesluskatu 1
SF-00381 HELSINKI
Telef. 90-12-141

GRAN BRETAÑA
EUROPEAN SCHOOLBOOKS LTD
Ashville Trading Estate
The Runnings Cheltenham GL51 9PQ
Telef. 242-245252

ITALIA
LOGOS IMPEX
Via Curtatona S/F
41010 S DAMASO-MODENA
Telef. 59-280264

JAPON
LIBRERIA MANANTIAL
Yamabishi Bldg
4-3 Rokubancho, Chiyoda-Ku
102 Tokyo
Telef. 3-32640788

USA
EDICIONES UNIVERSAL
P.O.= Box 450353
(Shenandoah Station)
MIAMI, Fl 33245-0353
Telef. (305) 642-3234
Fax (305) 642-7978